国家汉办汉语国际推广基地规划项目

GO FOR CHINESE
Elementary Level

8

目标汉语 基础篇

刘川平 主编　陈子骄 编著

北京大学出版社
PEKING UNIVERSITY PRESS

图书在版编目(CIP)数据

目标汉语. 基础篇. 8 / 刘川平主编. —北京：北京大学出版社, 2011.5
ISBN 978-7-301-18767-8

Ⅰ. 目…　Ⅱ. 刘…　Ⅲ. 汉语-对外汉语教学-教材　Ⅳ. H195.4

中国版本图书馆 CIP 数据核字 (2011) 第 061067 号

书　　　名：目标汉语　基础篇 8
著作责任者：刘川平　主编　陈子骄　编著
责 任 编 辑：旷书文　宋立文
标 准 书 号：ISBN 978-7-301-18767-8/H·2807
出 版 发 行：北京大学出版社
地　　　址：北京市海淀区成府路 205 号　100871
网　　　址：http://www.pup.cn
电　　　话：邮购部 62752015　发行部 62750672　编辑部 62752028
　　　　　　出版部 62754962
印　刷　者：北京大学印刷厂
经　销　者：新华书店
　　　　　　787 毫米 × 1092 毫米　16 开本　13.5 印张　221 千字
　　　　　　2011 年 5 月第 1 版　2011 年 5 月第 1 次印刷
印　　　数：0001-3000 册
定　　　价：46.00 元（含 MP3 盘 1 张）

前言

这是一套供零起点和学过一些汉语的外国学生使用的基础阶段综合课教材，既适合长期进修相对强化教学模式的要求，也可用于一般长期进修教学、短期培训教学和自学。本书的编写原则是：以话题为引导，词汇为重点，语法为骨架，功能为辅助，文化为蕴含，练习为主体，迅速提高交际能力为终极目标。

一、主要特点

1. 可靠的科学性。本书适用的基础阶段，包括一般所说的初级阶段和中级阶段的上半期。语法项目主要依据《高等学校外国留学生汉语教学大纲——长期进修》（下称《教学大纲》），涵盖初级主要语法项目和部分中级语法项目，作为教材的结构框架。词汇主要依据《汉语水平词汇与汉字等级大纲》，包括甲、乙级词的绝大部分，丙级词的一部分以及少量丁级词，同时吸纳了一批反映社会和语言发展，使用频率较高的新词语。此外，从《教学大纲》的功能项目中选取了与基础阶段相适应的内容。

2. 相对的强化性。长期进修是一种“准常规语言教学”，它既追求语言知识的相对系统性，又兼顾语言技能的全面性和熟练程度。为此，本书努力体现该教学“输入大于输出”和大运动量的相对强化教学的特点。一是确保足够的输入量，表现在课文形式和字数，词汇、功能项目、句式及文化因素的数量等各个方面；二是确保足够的训练强度，表现在课文，特别是练习中的教学手段多样化、交际化和有效练习的大密度编排。

3. 编排的层级性。本书由低到高分为八个层级，各层级间既相互区别又紧密关联。形式上由简单到复杂：课文由简短对话到长句，再到短文；课文长度由 100 字增至 700 字以上；词汇量由第一层级的 345 词增至第八层级的 653 词。内容上循序渐进：前四个层级以校园学习和生活为主，后四个层级逐渐过渡到以社会生活为主；相关话题的表达和词语难度在不同层级也呈循环叠加、螺旋上升式分布。

4. 充分的交际性。作为教学的基本依据，助推课堂教学过程交际化是本书的着力点之一。表现在：话题选择尽量做到贴近现实生活和学习者的关注点；对话贯穿课文始终；每课提出若干具有交际性的常用句型；练习中既有功能和多技能训练的内容，也有各种限定范围和模拟情境的操练，尤其是专门安排了交际任务，以利“用中学”和交际能力的培养。

5. 全面的实用性。实用性是本书的根本出发点和落脚点。对学习者，通过有限的学习时间能够掌握基础阶段和部分中级阶段的语言要素、功能项目和语用条件，满足他们尽快提高交际能力的迫切愿望；对教师，本书多视角的话题、丰富的内容、简洁的语法说明、多样而大量的练习项目，都为教学准备和课堂组织提供了便利。此外，多层级设计增强了适应性，不同汉语基础和学习时间的使用者可以各取所需。

二、结构设计

1. 全书按八个层级分为 8 册，每册 10 课，共 80 课。此外，基于对零起点学生集中进行语音训练的必要性，第一册专门设有“汉语拼音基础”课程。

2. 每课包括课文、常用句、生词语、语言点（含基本句和重要词语用法）注释、操练与交际等。每册安排一套全覆盖的自测题。

3. “操练与交际”在全书所占比重最大。包括语言要素、语言技能、交际功能三大类练习。具体项目各册既有共性，又具个性特点。各册共有的如：

(1) 语言要素练习：语音部分的辨音辨调、熟读短语、朗读句子。词语部分的生词填空、组成短语、连线、选词填空等。句法部分的模仿性句型操练，如重复、替换；理解性的完成句子、连词成句、改写句子、改错等。

(2) 技能训练：完成对话、回答问题、模仿、阅读、写作等。

(3) 交际功能：功能对话、自由表达、完成交际任务（包括“准任务”和“真任务”）。

此外，根据学习进度，各册分别安排了若干不同的练习，共计 30 余种。

4. 每册起首列出该册课文的主要人物，大多数人物贯穿 8 册始终。每册末尾附有生词及专名索引。

5. 第 1、2 册课文配有汉语拼音对照。第 1 册标注于汉字下，第 2 册列于课文后。

6. 翻译：为便于学习，正文的“汉语拼音基础”、语言点、生词，以及前四册练习项目均配有英文翻译；此外，生词总表配有日、韩、俄文对译。

三、教学目标

本书名为《目标汉语》，意在提示使用者：只有始终明确自己的目标并为之而努力，才能取得成功。

1. 总体目标。通过本书的教学，使学习者学习 4000 余个词语、《教学大纲》初级和部分中级语法项目、相应的功能项目和文化知识，完成若干交际任务。听、说、读、写技能全面达到《教学大纲》中等阶段前半段的目标要求，综合运用汉语的能力得到迅速提升。

2. 层级目标。每册具体教学目标如下表：

册＼项目	生词语	语言点	功能点	交际任务
1	345	41	21	15
2	384	39	11	13
3	447	41	23	16
4	471	31	29	12
5	530	53	17	11
6	538	38	22	10
7	642	58	23	12
8	653	49	41	11

四、使用建议

1. 教学进度。本书作为综合课教材，用于长期进修相对强化教学模式的教学时间为 1 学年，每学期学习 4 册。为确保教学效率，建议第一学期教学时间每周 16 课时，第二学期每周不少于 14 课时。其余课时可配以相应的听力、口语教学。

用于一般的长期进修教学，教学时间可适当延长（例如3个学期）；用于短期培训和自学，宜根据不同需要选择教材的一部或全部，教学时间亦可灵活安排。

2. 生词和语言点。本书生词分布在课文和练习（主要是阅读练习）中，其词义、词性基本上按照课中的语境确定；语言点及其注释一般也与当课的用法相一致。多词性、词义的生词和多用法的语言点，其未出部分一般留待后面出现时再列。这就要求词汇和语言点的教学分步、循序进行，而不宜毕其功于一课。

3. 功能与交际。常用句和功能会话提供了功能与结构相结合的素材，教学中应当予以重视。完成交际任务是本书的一个特点，在试用过程中，很受学生欢迎。需要注意的是，为适应任务教学法，教师的指导作用应主要体现在布置任务、提示方法和完成任务之后的检查、总结之中。

4. 教材的处理。本书旨在为教学提供一个结构特点鲜明、内容丰富多样、便于操作的平台，但不提倡刚性照搬，相反，允许针对不同教学模式和教学对象对其加以调整或补充。

五、几点说明

1. 本书是基于我们多年开展长期进修相对强化教学的探索和体验，吸取前贤的丰厚成果，积5年努力和集体智慧编写完成的。本书也是国家汉办科研规划项目和汉语国际推广多语种大连基地教材规划项目的成果之一。

2. 本书编写分工：

主编：刘川平，主持长期进修相对强化教学的理论研究与教学实践；在此基础上提出教材总体构思并制定编写大纲；组织教材的编写、试用并统改全部书稿。

编者：第1册：王松岩、刘川平。

第2册：王松岩。

第3册：郑桂芬、杨洁。

第4册：杨洁、郑桂芬。

第5、6册：王端。

第7、8册：陈子骄。

英文翻译：隋荣谊。

其他翻译：郝卓(日文)、胡倩(韩文)、赵辉(俄文)。

3. 在本书编写、试用和出版过程中，得到专家、同行的指导和北京大学出版社的鼎力支持。资料信息选自方方面面，虽尽最大努力与原作者取得联系，限于各种原因仍有部分未能如愿。在此对以上各方一并谨致谢忱！

一部教材是否合用，有赖于实践检验。热诚期待来自使用者和业内人士的批评和意见。

主 编：刘川平

PREFACE

This book series is a foundational comprehensive Chinese textbook for international students, beginners or those who have learned some Chinese. It is fit not only for the requirements of the long-term refresher study or the teaching mode of relative reinforcement training, but also for the general long-term refresher teaching program, short-term training program and self-study. The principle of compiling this book series is to improve the learners' communicative ability rapidly as the final target. Therefore, we apply the following means when compiling the book: Taking topics as guidance; vocabulary as focal point; grammar as the frame, function as supplementation; culture as inside information; practice as principal part.

1. Major Features

1.1 Reliable scientific approach. This basic Chinese textbook includes the elementary and the first half of intermediate level. Based on *Syllabus for Chinese Courses for International Students at Chinese Colleges and Universities —Long-term Refresher Course* (hereafter referred to as *Syllabus*), this book series mainly covers grammar items of the elementary and part of the intermediate levels with which we frame this book. Based on *Chinese Language Proficiency Standard and the Character Entries and Graded Character List*, the book series covers most vocabularies of Level A and B, and part of Level C, as well as a small amount of Level D. We also collect a number of highly used new words which reflect social and language development. In addition, we also select functional items suitable for the elementary level from *Syllabus*.

1.2 Relative intensiveness. Long-term refresher course is a "quasi-conventional language teaching", which pursues both the relative systemic language knowledge and comprehensive skills and proficiency in using language. Therefore, the methodical approach we adhere is "larger input than output," and the characteristic of this book serise is large amount of exercise of relatively intensive teaching. First, to ensure adequate input, this is displayed in the form of texts and the amount of words, the vocabulary, the functional items, sentence structure and cultural factors, and the like in other aspects. Secondly, to ensure adequate intensive training, this is displayed in the texts, and in the exercises in particular, in which we apply diverse means of teaching, and effective communication and a large amount of exercises.

1.3 The hierarchy of compiling this book series. The book series is divided into eight levels from low to high. They are different from each other but closely related. As to the form, we adhere to the principle of from simple to complex: the texts are composed of brief conversations, long sentences and then short passages; the length of the text from 100 words to 700 words or more; vocabulary from the first level of 345 words to the eighth level of 653. The degrees of difficulty of the content develop gradually: the former four levels are based on life and study on campus, and the latter four levels develop gradually to social life mainly; the degrees of difficulty of the related topics, and words and the expressions develop in a cycle, recurring and spiral distribution.

1.4 Fully communicative. As the fundamental basis for teaching, boosting communicative process in class is one of the focuses of this book series, which displays as follows: topics selected are close to day-to-day life and to the learners' interest as much as possible; dialogues run through texts; in each lesson we have a number of common communicative patterns; in exercises, we arrange both functional and multi-skills training, and the practice with limited scope and under simulated conditions, especially special communication tasks in order to help develop interpersonal ability and be benefit from "learning from practice".

1.5 Comprehensive practicality. Practicability is the fundamental starting point and end point of this book series. Within limited learning time, the learners have to master those language elements at the basic stage and some at the intermediate stage: functional items and pragmatic conditions as soon as possible to meet their urgent desire for communicative competence; wide range of topics, content rich in meaning, simple explanations to the grammatical structures, varied exercises facilitate teachers in preparing their lesson and teaching in classroom. In addition, the multi-level design enhanced the applicability, and the users at different level and for a long or short time spent may learn what they want.

2. Structural Design

2.1 The book series is divided into eight volumes according to eight levels. In each volume there are 10 lessons, and 80 lessons altogether in the book. Besides, based on the need for focusing pronunciation training to the beginners, we arrange Basic Chinese *Pinyin* in Volume One as an independent section.

2.2 Each lesson consists of text, sentences in common use, new words and expressions, notes to the language points (including basic sentence patterns and usage of important words and phrases), exercise and communication. And there is an Evaluation Paper, which covers what have been learned in each volume.

2.3 "Practice and Communication" occupy the largest proportion of the book series. They include three aspects: language elements, language skills, and communication. There exist common features and specific characteristics among each volume of the book, such as:

A. Language elements practice: in the section of pronunciation, distinguish the sounds, read aloud the phrases, and read aloud the sentences; in the section of words and expressions, fill in the blanks with new words; make up phrases, linking, choosing the words to fill in the blanks; in syntax structure, imitation practice like repetition and substitution; in understanding, complete sentences, make sentences by linking the words or phrases, rewrite sentences, and correct mistakes and etc..

B. Skills training: complete dialogues, answer questions, imitate, reading, and writing and etc.

C. C ommunication: functional communications; free talk, fulfill tasks (including the "quasi-tasks" and "real tasks").

In addition, according to the learning schedule, we also compile more than 30 exercises of different kind distributed in each volume.

2.4 The main characters appeared in the texts are listed at the front of each of volume. Most of them run through the book from Volume One to Volume Eight. Vocabulary (Index of New Words and Proper Nouns) is attached to the end of each volume.

2.5 In Volume One and Two, the texts are dubbed with Chinese *Pinyin*, Volume One under each character, and Volume Two at the end of each text.

2.6 Translation: for the convenience of study, the part of Basic Chinese *Pinyin*, language points, notes, new words and the exercises in the former four volumes are matched with English. Besides, the vocabulary at the back is matched with Japanese, Korean and Russian.

3. Teaching Objectives

The name of this book series is Go For Chinese, which means learners must keep it in mind that only by knowing what objective you want to gain throughout and working hard at it, can you successfully obtain it.

3.1 The global objective. Teaching by way of using this textbook series, learners will learn 4000 new words and expressions, grammar items of elementary and part of intermediate level in *Syllabus*, related functional items and cultural knowledge, and can fulfill some communicative tasks. Learners are expected to achieve the first half goal of intermediate level in the skills of listening, speaking, reading, and writing required in *Syllabus*. The comprehensive ability of using the language will be elevated promptly and greatly.

3.2 Objectives at each level. The objectives of each volume are as follows in the Chart:

Volume \ Items	New Words and Expressions	Language Points	Functional Items	Communicative Tasks
1	345	41	21	15
2	384	39	11	13
3	447	41	23	16
4	471	31	29	12
5	530	53	17	11
6	538	38	22	10
7	642	58	23	12
8	653	49	41	11

4. Tips for User

4.1 The schedule of teaching. As a comprehensive textbook, we suggest that this book series be used for a whole academic year for the long-term refresher study or the teaching mode of relative reinforcement training, each academic term 4 volumes. In order to ensure the efficiency of teaching, 16 hours of teaching per week is proposed for the first term, and no less than 14 hours per week for the second term. Teaching of listening and speaking covers the rest of the academic teaching hours.

For the general long-term refresher teaching program, the time of teaching can be prolonged (three terms for example); for short-term training program and self-study, the whole or part of the textbook can be selected accordingly, and the time of teaching can be flexibly arranged.

4.2 New words and language points. The new words are arranged in the texts and exercises (mainly in reading comprehension). The meaning and the parts of speech of the new words are basically in accordance with the context of situation in the text; the explanations to the language points and notes to the text are based on the usages in the text. As to the other usages or meanings of the new words will be explained when they are used in that context of situation. Thus it requires new words and language points be listed and illustrated step-by-step in a progressive way, and should not be complete at one time.

4.3 Function and communication. Useful sentences and functional communication provide us comprehensive teaching materials with function and structure combined and should be focused on in teaching. Communication task is a feature of the book, which, in the trial process, has been popularly complimented by the students. It should be noted that in order to meet task-based teaching methods, the guiding role of teachers' should be laying out tasks, prompt them, check after the completion of the task and summarize how well they have done.

4.4 How to use the textbook. The book series aims to provide a platform for teaching with features of clear structures, rich and varied content, and easy to operate. We strongly oppose the way of rigid copy. We advocate the revision, adjustment or supplement be made to it according to different teaching modes and different levels of students.

5. Some Explanatory Notes

5.1 Based on our years of probing into the long-term refresher study and relatively intensive teaching experience, we have assimilate the rich achievements of those profound scholars and compiled this book with five years of hard working and boiled wisdom of all faculties. This is also an outcome of the scientific research project of the OCLCI, and one of the projects of the Teaching Material Planning of the Dalian Multi-lingual Base of Chinese Language Council International.

5.2 The division of compiling this book series:

Compiler-in-Chief: Chuanping Liu, is in charge of probing into the long-term refresher study and relatively intensive teaching both theoretically and practically, based on which he put forward the overall idea and listed an outline for compiling the book; and in charge of compiling, trial and correcting and improving all manuscripts.

Compilers: Volume I: Songyan Wang; Chuanping Liu

Volume II: Songyan Wang

Volume III: Guifen Zheng; Jie Yang

Volume IV: Jie Yang; Guifen Zheng

Volume V and VI: Duan Wang

Volume VII and VIII: Zijiao Chen

English Translator: Rongyi Sui

Other Translator: Zhuo Hao (Japanese); Qian Hu (Korean); Hui Zhao (Russian)

5.3 We hereby would like to express our sincere thanks to those experts and peers who have given us suggestions while compiling, trying and publishing the book, to Peking University Press who has given us great support in publishing this book, and also to those whose materials or data we have consulted or selected. Though we have tried our best to get in touch with all the original authors, limited to a varied of reasons, some we failed to.

If a textbook is applicable, it has to be tested through practice. We earnestly invite the users of this book series and those who are specialized in this field to put forward their criticism and suggestions.

Chief Compiler: Chuanping Liu

本册主要人物

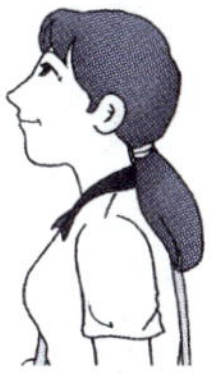

林 爱 华　女，39岁，下岗工人，张云的邻居。

金 美 英

女，20岁，韩国留学生，随父母来中国，在中国某大学学习汉语。

大　　卫

男，22岁，意大利留学生，来自意大利某大学中文系三年级，热情，喜欢运动。

张　　云　女，48岁，中国某大学汉语学院汉语教师。

李 小 兰

女，22岁，中国某大学英语专业学生，张云和李书文的女儿。

爱　　米

女，20岁，美国留学生，来自美国某大学艺术系，性格活泼。

玛 丽 亚

女，20 岁，俄罗斯留学生，来自俄罗斯某大学美术系，喜爱中国书画。

山本信一

男，27 岁，日本留学生，来自日本某大学东亚经济专业硕士二年级，勤奋好学。

孙　　明

男，21 岁，中国某大学日语专业学生，山本的朋友。

高桥朋子

女，21 岁，日本留学生，来自日本某大学历史系。

目录

CONTENTS

演讲比赛

第1课 Lesson 1

一 课文

（一）

（市里要举行汉语演讲比赛，主题是“我眼中的中国”。金美英和大卫都预备报名参加。张老师把他们请到办公室）

张老师：大家相互交流一下，以便准备得更充分一些。随便谈谈吧。

大　卫：美英，你去年不是参加过演讲比赛吗？你一定很有经验，快给我介绍介绍吧，要不，我真不知道从哪儿着手呢。

金美英：去年我是第一次参加，比赛中我非常紧张，最后只得了第四名。

张老师：演讲比赛是锻炼自己，提高汉语水平的好机会。平时尽管我反复强调，可有的同学还是轻视口语表达，结果不讲不知道，上台一讲，毛病就出来了：有的发现自己的发音并不那么好；有的甚至不敢面对观众，还没讲脸就红了。

大　卫：那怎么办呢？我很愿意参加这次比赛。

张老师：这就要多训练。除了参加学校的预赛，平时也要反复练习。既要把演讲稿子背得非常熟练，还要具备良好的心理素质，比赛时才能保证不紧张。美英在这方面一定有所体会。

金美英：没错！还有，演讲不是光背稿子，也要注意表情和手势的配合，把自己的真实感情和自信充分、自然地表达出来，这样才能打动观众。去年我这方面也没发挥好。

大　卫：美英，去年你得了第四名，今年你的目标是什么？

金美英：我没有什么目标，只是想再锻炼锻炼自己。

大　卫：你不说我也知道，你一定想得冠军。

金美英：你怎么知道的？

（二）

演讲比赛通知

为了促进我院留学生的汉语学习，检验大家的学习成果，同时，选出参加市汉语演讲比赛的选手，我院定于5月10日（星期三）下午二时，在院礼堂举行第六届汉语演讲比赛。具体要求如下：

1. 自己写演讲稿，主题为“我看中国”，题目自拟。
2. 演讲的声调、语调准确，表达流利，感情真实，手势运用恰当。
3. 演讲时间为三分钟。
4. 演讲者需上交一份打印讲稿，请勿手写。
5. 准备参赛的同学请于 4 月 15 日前到办公室报名。

比赛设一、二、三等奖若干名，参赛的同学都有纪念品。欢迎同学们积极报名，踊跃参加。

特此通知。

院办公室

4 月 8 日

二 常用句

1. 大家随便谈谈吧。
2. 不讲不知道。
3. 我很愿意参加这次比赛。
4. 你不说我也知道。

三 生词

1. 主题	zhǔtí	（名）	theme
2. 预备	yùbèi	（动）	prepare
3. 相互	xiānghù	（副）	each other
4. 以便	yǐbiàn	（连）	so that; in order to
5. 要不	yàobù	（连）	otherwise
6. 强调	qiángdiào	（动）	emphasize
7. 轻视	qīngshì	（动）	despise
8. 台	tái	（名）	platform
9. 毛病	máobìng	（名）	weakness; bad habit
10. 观众	guānzhòng	（名）	audience
11. 训练	xùnliàn	（动）	train
12. 预赛	yùsài	（名）	preliminary contest
13. 稿子	gǎozi	（名）	draft; manuscript
14. 熟练	shúliàn	（形）	skillful; practiced
15. 具备	jùbèi	（动）	have; possess
16. 良好	liánghǎo	（形）	well; excellent
17. 素质	sùzhì	（名）	guality; making; stuff
18. 有所	yǒu suǒ		somewhat
19. 没错	méi cuò		right
20. 配合	pèihé	（动）	cooperate

21. 真实	zhēnshí	（形）	true; real
22. 自信	zìxìn	（名）	confidence
23. 打动	dǎdòng	（动）	move; touch
24. 冠军	guànjūn	（名）	champion
25. 检验	jiǎnyàn	（动）	test; inspect
26. 成果	chéngguǒ	（名）	result; achievement
27. 选手	xuǎnshǒu	（名）	player; contestant
28. 礼堂	lǐtáng	（名）	auditorium; assembly hall
29. 如下	rúxià	（动）	as follows
30. 拟	nǐ	（动）	plan to; draw up
31. 语调	yǔdiào	（名）	intonation; tone
32. 运用	yùnyòng	（动）	utilize; use; apply
33. 恰当	qiàdàng	（形）	appropriate; proper
34. 上交	shàngjiāo	（动）	hand in
35 打印	dǎyìn	（动）	print
36. 勿	wù	（副）	don't
37. 手写	shǒuxiě	（动）	hand writing
38. 设	shè	（动）	set up; found; establish
39. 纪念品	jìniànpǐn	（名）	memento; souvenir
40. 踊跃	yǒngyuè	（形）	eager; enthusiastically
41. 特此	tècǐ	（副）	hereby
42. 装饰	zhuāngshì	（动）	decorate
43. 背诵	bèisòng	（动）	recite

44. 捐	juān	（动）	donate
45. 模仿	mófǎng	（动）	imitate
46. 讲话	jiǎng huà		speak; talk
47. 内向	nèixiàng	（形）	(of temperament) introverted
48. 不利	búlì	（形）	unfavorable; disadvantageous
49. 交际	jiāojì	（动）	social intercourse
50. 尝试	chángshì	（动）	attempt; try
51. 害羞	hàixiū	（形）	bashful; shy
52. 语气	yǔqì	（名）	tone
53. 从而	cóng'ér	（连）	thus; thereby
54. 迫切	pòqiè	（形）	urgent
55. 语速	yǔsù	（名）	speed of speak
56. 较	jiào	（副）	comparatively
57. 点	diǎn	（量）	point; a measure word
58. 吐	tǔ	（动）	spit
59. 吐字	tǔzì	（动）	speak
60. 单词	dāncí	（名）	word
61. 短语	duǎnyǔ	（名）	phrase
62. 指出	zhǐchū	（动）	indicate
63. 先是	xiānshi	（连）	first
64. 短文	duǎnwén	（名）	short article; essay
65. 完整	wánzhěng	（形）	full

四 语言点

（一）基本句

1. 反问句(2)

在一般的陈述句中加入“不是……吗”，也可构成反问句。例如：

When 不是……吗 is used in a declarative sentence, it can also make a rhetorical question. For example:

(1) 我不是已经告诉你了吗?

(2) 你去年不是参加过比赛吗?

(3) 你不是非常想去吗?

2. 不……不……

由“不……不……”连接的两个结构之间是条件关系，有“如果”的意思，前后的主语可以相同，也可以不同。例如：

When 不……不…… connects two clauses, it indicates the relation of condition with the meaning of 如果 and the subjects of the clauses may refer to the same or different actors. For example:

(1) 他不调查不知道。

(2) 我不问他不说。

(3) 不考就不了解自己的水平。

3. “有所”句式

“有”后面的“所”不表示什么意思，只起缓和语气、减轻程度的作用。例如：

所 after 有 does not have real meaning and is only used to relieve the mood and alleviate the degree. For example:

(1) 我在这方面有所体会。

(2) 我对他有所了解。

(3) 这次比赛的成绩有所提高。

4. 不……也……

由“不……也……”连接的两个结构之间的关系是让步关系，相当于“即使 / 就是……也……”，前后的主语可以相同，也可以不同。例如：

When 不……也……used to connect two clauses, it indicates the relation of concession with the meaning nealy the same as 即使 / 就是……也……and the subjects of the clauses may refer to the same or different actors. For example:

(1) 我不吃饭也要把作业写完。

(2) 你不说我也知道。

（二）词语用法

1. 以便

连词。表示前后两个分句之间是行为和目的的关系，即前面的行为是为后面的事情做准备，使后面的事情做起来更容易。例如：

以便, conjunction, is used to introduce a clause giving the reason for or purpose of an action, or for the purpose of doing the things easily. For example:

(1) 他把这两个同学请到办公室来，以便互相交流一下。

(2) 你先把材料准备好，以便开会讨论。

(3) 我把电话号码记下来，以便以后联系。

2. 要不

连词。连接两个句子，表示如果不是前句的情况，就会出现后句的结果。跟“不然”、“否则”的意义和用法基本相同，常用于口语。例如：

要不, conjunction, used to connect two clauses to indicate if it were not the case mentioned in the previous clause, there would be the result in the latter clause. It means almost the same with 不然 and 否则 and is often used in oral Chinese. For example:

(1) 叫出租车吧，要不就来不及了。

(2) 你要多练习几遍，要不比赛时会很紧张。

五 操练与交际

(一) 朗读句子

1. 好的，好的。
2. 他会来的。你放心吧。
3. 都十点了，该起来了。
4. 他正在床上躺着呢。
5. 我打算三号从南京回来。
6. 你可以从前门走进去。

(二) 朗读现代诗

断 章

卞(Biàn)之琳(lín)

你站在桥上看风景，
看风景的人在楼上看你。
明月装饰（zhuāngshì）了你的窗子，
你装饰了别人的梦。

（三）熟读短语

演讲稿子	良好的素质	有所说明	比赛选手	请勿打扰
作文稿子	良好的习惯	有所注重	长跑选手	请勿吸烟
讲话稿子	良好的品质	有所照顾	运动会选手	请勿拍照
发言稿子	良好的基础	有所研究	奥运会选手	请勿进入

（四）用本课的生词填空

1. 今天来看比赛的人真多，场上坐满了________。
2. 你一定要努力改掉自己身上的这些坏________。
3. 你知道这次讨论会的________是什么吗？
4. 张老师，我下周要参加演讲比赛，您能不能帮我修改一下演讲________？
5. 你这篇课文背诵得不够________，回去再好好背一背。
6. 她的汉语还不太好，所以跟别人说汉语时总是显得不够________。
7. 这个电影据说是一个________的故事。
8. 在出厂之前，工人们对产品进行了认真的________。
9. 参加100米比赛的________已经到达了起点，比赛马上就要开始了。
10. 在学校里，同学们之间要________关心，________照顾。
11. 我们学习汉语的目的就是为了能________汉语准确地表达自己的思想。
12. 这个词用在这个句子里不太________，应该换一个。
13. 听说要帮助困难地区的孩子，同学们都________地捐出了自己的钱。
14. 我们公司分别在广州、上海________了两家分公司。
15. 这个演员很会________，学什么像什么。

16. 这孩子不太活泼，也不爱讲话，性格比较________。

17. 不学习外语对你今后的发展________。

18. 我一再________这件事的重要性，希望你们能重视。

19. 在这场排球比赛中，我们的队员相互________得非常好，取得了好成绩。

20. 这篇文章深深________了我，看完之后我不禁流下了眼泪。

21. 你这篇作文的题目不太合适，能不能重新________一个？

22. 他喜欢________，不管走到哪儿，都能找到朋友。

（五）组成短语

1. 尝试________
2. 背诵________
3. ________害羞
4. 踊跃________
5. 请勿________
6. 相互________
7. ________恰当
8. 有所________
9. ________自信
10. 熟练________

（六）把下列词语和它们的解释用线连接起来

语气	讨论或活动的中心内容。
尝试	看表演或比赛的人。
自信	决赛之前的比赛。
预赛	相信自己。
模仿	学习或工作上的收获。
观众	试一试。
主题	说话的口气。
成果	照着样子学着做。

(七) 替换

1

你们把老师讲的内容记下来	以后复习
我说了一下演讲的要求	同学们更好地准备
他早早就开始复习	顺利通过考试
你问一下他的电话	以后联系

大家相互交流一下，以便准备得更充分一些。

2

快给我介绍介绍吧，要不，我真不知道从哪儿着手呢。

讲稿一定要背诵下来	比赛的时候会很紧张
声调、语调一定要正确	别人听不懂
我们的钱买房子还不够	先租一套吧
去北京坐飞机贵了点儿	坐火车也行

3

- 考试中
- 面试中
- 演讲的时候
- 和中国人对话时
- 在大家面前

比赛中我非常紧张。

4

有的甚至不敢面对观众。

有些同学	跟中国人说汉语
他们	跟老师请假
我	问你问题
姐姐	买衣服

5

把钱借给你
替你把书交给他
你来我家做客
给你们介绍一下情况

我很愿意参加这次比赛。

6

你对这里的情况一定	了解
我对德语的语法	研究
你在演讲的感情表达方面应该	体会
希望这次调查能	发现

美英在这方面一定有所体会。

(八) 用括号中的词语改写句子

1. 考试时间我已经告诉你了。（不是……吗）

____

2. 你说了要跟我一起去的。（不是……吗）

____

3. 王教授对这里的风俗有所了解。（不是……吗）

____

4. 如果不上台讲，就无法知道自己哪里有毛病。（不……不……）

____

5. 发音准确，别人才能理解你的意思。（不……不……）

____

6. 你去调查一下，才能了解情况。（不……不……）

____

7. 即使你没有跟我说，我也知道。（不……也……）

____

8. 即使你的口语水平一般，也没有人笑话你。（不……也……）

____

9. 就算我没有复习，也能考上大学。（不……也……）

____

（九）用括号中的词语完成句子

1. 我们还是打车吧，______________________。（以便）
2. 他正努力地学习汉语，____________________。（以便）
3. 我对北京的风土人情______________________。（有所）
4. 晚上睡得太晚__________________________。（不利）
5. 城市的汽车数量迅速增加，________________。（从而）
6. 工厂使用了新的生产设备，________________。（从而）
7. 演讲时，声调、语调一定要准确，________________

______________________________________。（要不）

（十）模仿造句

1. 市里要举行汉语演讲比赛，主题是“我眼中的中国”。

__________要举行__________，主题是__________。

2. 你一定很有经验，快给我介绍介绍吧，要不，我真不知道从哪儿着手呢。

你________________，要不，我________________。

3. 你不说我也知道，你一定想得冠军。

你不说我也知道，你__________________。

4. 准备参赛的同学请于4月15日前到办公室报名。

__________________的同学请__________________。

（十一）功能会话

1. 说明

（1）A：把你的电话告诉我，以便我们联系。

B：好的。

（2）A：你儿子又开始学法语了？

B：是啊，他想多学一门外语，以便找到好工作。

2. 愿意／不愿意

（1）A：我很愿意帮你修改演讲稿子。

B：真是太感谢你了。

（2）A：大家都不愿意帮他。

B：我也不愿意。

3. 害怕

（1）A：一走上台，我就开始害怕。

B：有什么可怕的。

（2）A：我不敢在那么多人面前唱歌。

B：你是有点儿害羞。

4. 制止

1. 请勿吸烟。

2. 请勿打扰。

3. 请勿将宠物（chǒngwù）带入店内。

（十二）阅读

怎样才能说一口流利的汉语

学汉语的人都迫切希望自己能说一口流利的汉语。“流利”指的是说话清楚而且语速较快。想实现这两点，你可以尝试如下这两个方法：一是模仿，二是背诵。

模仿时声音一定要大，吐字一定要清楚。自己有说不好的单词、短语等更要反复练习。出现了错误要随时纠正。模仿出来的声调、语调、语气跟中国人说的一样最好。模仿的第一步可以从语音开始，开始练习时发音要准确，速度不要太快。第二步可以模仿短语的读法，然后模仿句子和大段的文章，慢慢加快说话的速度，说得越来越流利。练习模仿时还要注意一点，就是要克服害羞心理。需要指出的是：性格内向的人，一般不爱说话，讲话声儿小，不喜欢和别人交流，这对学习外语很不利。

背诵课文可以说是学习汉语的基本方法。背诵可以阅读后背诵，也可以一边听录音一边背诵。后一种方法比前一种更好，因为这样既可以练习听力，又可以提高口语表达能力。背诵应从句子开始，先是记住一两句话，然后是一段话，直到小短文、一篇完整的故事。如果时间充足的话，可以在背诵的基础上，再用笔写一遍，这样做可以加深印象，记忆深刻。如果能背熟几百个汉语句子和二三十篇小短文，相信你的口语表达就会更流利了。

学习汉语的目的就是为了交流，口语能力差会让你不敢与人对话，从而无法完成交际任务。希望大家能运用本文介绍的两个方法，把汉语学好。

读后回答问题

1.“流利”是什么意思？
2. 短文第二行的“想实现这两点”中的“这两点”指的是什么？
3. 短文第二行的“你可以尝试如下这两个方法”中的“两个方法”指的是什么？
4. 模仿应该包括哪些内容？
5. 作者觉得什么性格对学习汉语不利？
6. 背诵的方法有几种？

(十三) 交际

1. 自由表达

介绍一件你最不敢做的事情，下面的词语可以帮助你表达：

不敢　害怕　愿意　自信　以便　内向　迫切　尝试

2. 自完成任务

写一段话（大约 150 字左右），题目自拟。把这段话背诵下来，在班里演讲。

第2课
Lesson
2

到城里打工

一 课 文

(一)

(孙明的表弟要来城里打工，请求孙明帮他找份工作。表弟坐的火车九点到，孙明提前一个小时就来到火车站，以免误了事)

表弟：哥，我在这儿呢。我一眼就认出你来了，你还是老样子。

孙明：是吗？你的变化可真大，你不喊我，我都认不出你来了。快说说，这几年都干什么了？

表弟：你不知道吧，现在咱们村里的年轻人，六成以上都在外面打工。我没考上大学，也不想在家干农活儿：一来没多少活儿可做，二来收入也不高，于是就到南方做了建筑工人。

孙明：干那一行，工作条件太艰苦，周末也不休息吧？

表弟：可不是。不光辛苦，有的老板还拖欠工资。我真后悔上学时没好好儿学习。

孙明：那你下一步有什么打算？

表弟：我想在老家开个汽车修理厂或者运输公司，可是不懂技术，又没本钱。去年我自学了汽车修理，这次来就是想找一份修理汽车的工作，一方面可以提高技术水平，另一方面想积累点儿资本。

孙明：自己当老板，厉害呀！

表弟：这只是初步想法，还不太成熟。你比我有文化，给我参谋参谋。

孙明：想得不错。你还年轻，应该抓住机会，做出一番事业来。上不了大学没关系，只要有理想，肯努力，将来照样能干出成绩来。

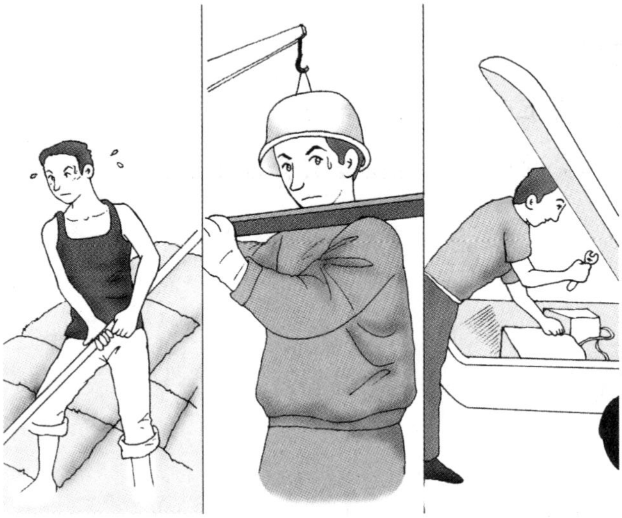

（二）

据媒体介绍，随着市场经济的发展和农村改革的深入，许多农民告别家乡，来到城里打工。每年春节一过，一批一批的农民工就纷纷涌向车站、码头，离开家乡到城里寻找工作机会。

农民工进城，一方面补充了城里劳动力的不足，加快了城市发展的速度；另一方面也增加了农民的收入，推动了农村经济的发展，使农民的生活水平显著提高了。

但是，农民工在城里工作，当前仍存在着一些问题。比如，同城里人相比，农民工在劳动保护、医疗保险、工作和生活条件、子女教育等方面水平还比较低。不过，随着社会的进步，这些差别会逐步消失，将来，会有更多的农民工进城工作。

二 常用句

1. 我想到城里打工。
2. 我真后悔上学时没好好学习。
3. 随着社会的进步，这些差别会逐步消失。

三 生词

1. 请求	qǐngqiú	（动）	ask
2. 以免	yǐmiǎn	（连）	in order to avoid
3. 年轻	niánqīng	（形）	young
4. 成	chéng	（量）	one tenth
5. 农活	nónghuó	（名）	farm work
6. 于是	yúshì	（连）	and then

7. 拖欠	tuōqiàn	（动）	be in arrears
8. 运输	yùnshū	（动）	transport
9. 本钱	běnqián	（名）	capital
10. 自学	zìxué	（动）	self-study
11. 修理	xiūlǐ	（动）	repair; mend
12. 资本	zīběn	（名）	capital
13. 初步	chūbù	（形）	prelimiary
14. 成熟	chéngshú	（形、动）	mature
15. 参谋	cānmou	（动）	to offer advice
16. 将来	jiānglái	（名）	future
17. 照样	zhàoyàng	（副）	in the same old way
18. 据	jù	（介）	according to
19. 媒体	méitǐ	（名）	(news) media
20. 随着	suízhe	（介）	along with
21. 市场经济	shìchǎng jīngjì		market economy
22. 批	pī	（量）	a measure word
23. 农民工	nóngmíngōng	（名）	peasant worker
24. 纷纷	fēnfēn	（副、形）	one after another
25. 涌	yǒng	（动）	pour
26. 码头	mǎtóu	（名）	wharf; dock (to live and work)
27. 寻找	xúnzhǎo	（动）	seach for; look for
28. 不足	bùzú	（形、动）	lack; shortage

29. 推动	tuīdòng	（动）	promote; encourage
30. 显著	xiǎnzhù	（形）	marked
31. 当前	dāngqián	（名）	currently
32. 同	tóng	（连）	with; and
33. 相比	xiāngbǐ	（动）	compared to; contrast
34. 医疗	yīliáo	（动）	medical treatment
35. 逐步	zhúbù	（副）	step by step
36. 海峡	hǎixiá	（名）	channel
37. 大陆	dàlù	（名）	continent
38. 转变	zhuǎnbiàn	（动）	change
39. 一系列	yíxìliè	（形）	a series of
40. 对	duì	（量）	a pair of
41. 异样	yìyàng	（形）	difference; unusual
42. 最终	zuìzhōng	（名）	final; last
43. 照料	zhàoliào	（动）	take care of
44. 艰难	jiānnán	（形）	very difficult; very hard
45. 观点	guāndiǎn	（名）	point of view
46. 文明	wénmíng	（名、形）	civilization
47. 恶化	èhuà	（动）	deteriorate
48. 犯	fàn	（动）	violate; commit
49. 构成	gòuchéng	（名、动）	compose
50. 能否	néng fǒu		can or cannot
51. 目光	mùguāng	（名）	sight; vision

52. 群	qún	（量）	group; crowd
53. 美化	měihuà	（动）	beautify; prettify
54. 忙碌	mánglù	（形）	be busy
55. 谋生	móushēng	（动）	earn a living
56. 必由之路	bì yóu zhī lù		the only way
57. 大街小巷	dà jiē xiǎo xiàng		streets and lanes
58. 工地	gōngdì	（名）	construction site; worksite
59. 作家	zuòjiā	（名）	author
60. 疾病	jíbìng	（名）	disease; sickness
61. 体力	tǐlì	（名）	physical or bodily strength
62. 清洁	qīngjié	（形）	clean; dust-free
63. 矛盾	máodùn	（名）	conflict; contradiction
64. 饭碗	fànwǎn	（名）	job; rice bowl
65. 犯罪	fàn zuì		commit a crime
66. 片面	piànmiàn	（形）	unilateralism

四 语言点

（一）基本句

连动句　Serial verb

两个或两个以上的动词或动词性结构说明、陈述同一个主语，表示动作的顺序、目的、方式、条件等。例如：

Two or more than two verbs or verb phrases used to describe or illustrate one subject in a clause is called sentence with serial verbs which indicate the order, the purpose, the manner or condition of an action. For example:

(1) 表弟离开家到城里找活儿去了。

(2) 他老是呆在家里不出去。

(3) 老朋友要坐明晚的飞机来看我。

（二）词语用法

1. 以免

连词“以免”连接的前后两个分句之间是行为和目的关系，表示前面的行为是为了后面的事情不要发生。例如：

以免, conjuction, is used to connect two clauses to indicate the relation of action and purpose in which the previous action is done to prevent the thing after from happening. For example:

(1) 他提早一个小时来到火车站，以免误了事。

(2) 你来之前给我来个电话，以免白跑一趟。

2. 成

量词。十分之一叫一成。例如：

成, measure word, means one tenth. For example:

（1）今年的粮食产量比去年增加了两成。

（2）他的话十有八成不可信。

3. 于是

连词。用来连接两个分句，表示后一件事紧接着前一件事，后一件事往往是由前一件事引起的。例如：

于是, conjunction, is used to connect two clauses to indicate two events of which the second happens immediately after the first and the second event is caused to happen by the first. For example:

（1）他本来不想去，听大家一劝，于是就去了。

（2）病人越来越多，我们忙不过来，于是又请了一位大夫。

4. 照样

副词。表示跟以前一样，没有变化。常用于口语。例如：

照样, adverb, means all the same as before or no changing. It is often used in oral Chinese. For example:

（1）医生告诉他不要再喝酒了，可他照样喝。

（2）风很大，他照样骑自行车上班。

5. 据

介词。说明判断的根据，后面常跟名词或名词短语，也可跟动词或动词短语。例如：

据, preposition, is used to illustrate the foundation of the judgement and often followed by a noun or a noun phrase and sometimes can followed by a verb or a verb phrase. For example:

（1）据我的经验，干这点儿活儿用不了两个小时。

（2）据了解，村子里每一户都安装了电话。

（3）据专家研究，午睡对老年人的身体很有好处。

6. 随着

介词。表示后一个事物发生变化是以前一个事物的发展、变化为条件的。例如：

随着, preposition, is used to indicate the changes of the latter thing happened after devevopment or the change of the previous thing. For example:

（1）随着国家经济改革的深入，西部农村发生了很大的变化。

（2）随着年龄的增长，他变得成熟起来了。

（3）*随着工资的提高，商品的价格很便宜。

7. 批

量词。用来说明数量很多的东西或人。例如：

批, measure word, is used to denote a numberous of or a group of things or people. For example:

一批新货　　一批包裹　　一批参观者　　一批游客

8. 纷纷

作副词。常作状语。例如：

纷纷, adverb, is often used as adverbial. For example:

（1）大家纷纷向他表示祝贺。

（2）参加讨论会的人纷纷提出了自己的看法。

作形容词。常作谓语。例如：

纷纷, adjective, is often used as predicate. For example:

（1）大家对这件事议论纷纷。

（2）北方现在是大雪纷纷，而南方却还很暖和。

五 操练与交际

（一）朗读句子

1. 随着科技的不断发展，环境问题显得越来越重要了。
2. 随着世界人口的增长，粮食不足的情况日益严重。
3. 你不要随便相信陌生人的话，以免上当。
4. 请观众们早点儿入场，以免错过了精彩的表演。
5. 我听说北京的工作机会比较多，于是就来到了北京。
6. 老师看他的发音不错，于是建议他参加汉语演讲比赛。

（二）朗读现代诗

乡 愁

余光中

小时候，
乡愁是一枚小小的邮票，
我在这头，
母亲在那头。

长大后，
乡愁是一张窄窄的船票，
我在这头，
新娘在那头。

后来啊，
乡愁是一方矮矮的坟墓（fénmù），

我在外头，
母亲在里头。

而现在，
乡愁是一湾（wān）浅浅的海峡（xiá），
我在这头，
大陆在那头。

（三）熟读短语

一批货	纷纷祝贺	效果显著	逐步提高	一系列问题
一批人	纷纷走出	成绩显著	逐步改善	一系列原因
一批学生	大雪纷纷	提高显著	逐步转变	一系列办法
一批观众	议论纷纷	变化显著	逐步发展	一系列任务

（四）用本课的生词填空

1. 我们学校大概三________的同学是从日本来的。
2. 这里明明禁止吸烟，可是有的人________抽。
3. 我想开一家服装店，可是缺少________。
4. 你不能只看眼前，还要考虑考虑自己的________。
5. 老板不按时给建筑工人发工资，已经________了一个月了。
6. 我弟弟已经二十岁了，想问题、做事情比以前________了很多。
7. 结婚典礼上，客人们________向这对新人表示祝贺。
8. 你还________，继续努力一定会做出成绩来。
9. 最近几天，她的表现有点儿________，跟以前变化比较大。

10. 这场篮球比赛，我们队的选手都非常努力，________取得了胜利。

11. 社区盖了新的医院，________条件正在逐步改善。

12. 在养老院里，护士们对老人________得非常周到。

13. 创业之初，由于缺乏资金，这位商人感到做什么都很________。

14. 讨论的时候，大家纷纷发表自己的________。

15. 上车不排队，这是一种不________的行为。

16. 随着污染越来越严重，我们的生存环境正在逐步________。

17. ________了错误没关系，马上改过来，别人就会原谅你。

18. 蓝天、白云、绿树共同________美丽的山水画。

19. 我怀疑，你的意见________得到大家的肯定。

20. 医生们正在________治感冒的新药。

21. 这种减肥药的效果很________。

(五) 组成短语

1. ________农活
2. 拖欠________
3. 修理________
4. ________成熟
5. 纷纷________
6. 推动________
7. 逐步________
8. ________的目光
9. 能否________
10. 一群________
11. 美化________
12. 忙碌的________

(六) 把下列词语和它们的解释用线连接起来

将来	水边停船的地方。
码头	仍然；跟以前一样。
谋生	传播（chuánbō）信息的工具。
媒体	以后的时间。
异样	一步一步地。
照样	寻找生活的门路。
逐步	跟平常不同的。
必由之路	建筑、生产的现场。
大街小巷	使……变得更美。
美化	必须经过的道路。
工地	城市里各处的街道。

(七) 替换

1

小王不想在家干农活。

- 在这里碰见熟人
- 给他当翻译
- 浪费时间
- 上小商贩的当
- 做不熟悉的工作

2

我真后悔上学时没好好学习。

- 没买那件衬衫
- 没听长辈的话
- 当时没学那门技术
- 把照相机借给了同屋
- 把我的秘密告诉了他们

3

今天高速公路上发生一起交通事故

一位中国作家获得了世界最高文学奖

看电视时女性比男性更认真

若干年后人类可能会搬到别的星球上居住

据媒体介绍，随着市场经济的发展和农村改革的深入，许多农民告别家乡，来到城里打工。

4

社会的发展	汉语中出现了很多新词
市场的变化	公司改变了销售计划
市场经济的发展	人民的生活水平逐步提高了
岁数的增加	他的身体情况越来越差

随着社会的进步，这些差别会逐步消失。

(八) 用括号中的词语完成句子

1. 过马路时要注意安全，________________。（以免）
2. 现在我好好学习修理技术，________________。（将来）
3. 经理已经批评他好多次了，________________。（照样）
4. ________________，我对这里更加了解了。（随着）
5. 听说他获得了一等奖学金，________________。（纷纷）
6. 一下课，________________。（纷纷）
7. ________________，这种产品的质量更好。（同……相比）
8. 三年以前，这儿还是个不知名的地方，________________
________________。（逐步）
9. ________________，现在还不太清楚。（能否）
10. ________________，大约有五万农民工在本市打工。（据）
11. 高中毕业后，表弟没考上大学，________________。（于是）
12. 我逛街时看到这件衬衫又便宜又好，________________。（于是）

（九）模仿造句

1. 我没考上大学，也不想在家干农活：一来没多少活儿可做，二来收入也不高，于是就到南方做了建筑工人。

   __________，也不想__________：一来__________，二来__________，于是__________。

2. 我真后悔上学时没好好学习。

   我真后悔__________。

3. 去年我自学了汽车修理技术，这次来就是想找一份修理汽车的工作，一方面可以提高技术水平，另一方面想积累点儿资本。

   __________，一方面__________，另一方面__________。

4. 上不了大学没关系，只要有理想，肯努力，将来照样能干出成绩来。

   __________没关系，只要__________，将来照样__________。

5. 据媒体介绍，随着市场经济的发展和农村改革的深入，许多农民告别家乡，来到城里打工。

   据__________介绍，随着__________，许多__________。

（十）功能会话

1. 转告

   （1）A：据媒体介绍，中国人的生活水平有所提高。

   B：我也看了报道。

   （2）A：有介绍说，锻炼身体的最好时间是下午。

   B：真的吗？那我以后要下午去跑步。

2. 后悔

(1) A：我真后悔没听你的话。

B：后悔也来不及了。

(2) A：做了这样的事情，我很后悔。

B：后悔也没有用了。

(十一) 阅读

生活在城市和农村中间的人

“农民工”是20世纪90年代产生的一个新词，指的是本来生活在农村，后来进入城市谋生，转变为城市工人的那些人。

在城市这个陌生的世界里，农民工不仅要面对城里人陌生、异样的目光，也要面对生活带来的一系列问题：能不能找到工作？晚上住在哪里？有了疾病能否重新恢复体力？孩子到哪里上学？过年能否攒下点儿钱回家？农民的身份最终能不能改变？

在城市中，他们是一群普普通通的劳动者。建筑工地上，他们忙碌地干着活儿；大街小巷中，他们清洁和美化着环境；千万个家庭里，她们照料着城里的孩子。在辛苦的劳动中，他们改变了自己的生活和命运，同时也改变了整个中国的社会构成。

据媒体介绍，中国目前大约有农民工两亿人。农民工已经成为中国经济发展中不可缺少的一份力量。可是，在城市中，还有很多人看不起农民工，城里人和农民工之间还存在矛盾。有的城市人认为，农民工进城抢走了城里人的饭碗；有的人认为，农民工进城造成了城市犯罪率的上升；甚至还有的人说农民工不懂文明，不讲卫生，是造成城市环境恶化的原因。由于戴着有色眼镜看农民工，得出来的这些观点当然都很片面。我们应该看到，随着经济的发展，中国社会正在发生着巨大的转变。社会要进步，经济要发展，把大多数农民转变成市民，对中国来说，是一条既迫切又艰难的必由之路。

读后回答问题

1. 什么样的人叫“农民工”？
2. 农民工在城里生活有什么困难？
3. 农民工在城里主要做哪些工作？
4. 城里人对农民工有几点不客观的看法？是什么？
5. 作者觉得农民转变成市民有没有困难？
6. 文章第四段中“有色眼镜”的意思是什么？

（十二）交际

1. 自由表达

介绍一下你们国家城市和农村有什么差别，农村人怎样看城里人，城里人怎样看农村人。

2. 完成任务

调查一位来城里打工的农民工，内容可以包括：什么时候来城里的，做过什么工作，收入情况，医疗保险和劳动保险情况，家里人的生活情况，遇到过什么困难等。把调查的结果在班里交流一下。

中国民歌音乐会

第3课 Lesson 3

一 课文

(一)

(李小兰约爱米一起去听音乐会，爱米毫不犹豫地接受了邀请)

李小兰：爱米，你不是说很想了解中国民族音乐吗？周六人民剧场有一场中国民歌音乐会，我们一起去吧？

爱　米：太好了，我正盼着呢。谢谢你，让你费心了。

李小兰：你别那么客气，我正想找两个伴儿呢。

爱　米：玛丽亚也爱听音乐会，可是她身体有点儿不舒服，恐怕去不了了。

李小兰：那太遗憾了，以后再约她吧。周六下午我先去你那儿，然后我们一同去剧场，省得你找不到地方。

爱　米：用不着，我认得那里，你放心吧。

李小兰：那就星期六晚上六点，在剧场门口见，千万别迟到。

爱　米：我知道了。

（二）

周六晚上，李小兰六点之前就来到了剧场门口，等了半个多小时，也不见爱米的影子。距演出开始还剩下五分钟的时候，爱米才匆匆忙忙赶来。爱米一到，就连忙向李小兰道歉。她说她下车以后，走错了方向，幸亏一个小伙子指路，不然她就找不到了。她们跟着其他人有秩序地走进剧场。宽敞明亮的演出大厅里已经坐满了观众，广播员正用亲切的声音提醒大家安静下来，关掉手机。演出马上就要开始了。

（三）

（演出结束后，她们来到附近的一家茶馆儿，一面品着茶，一面谈论着刚才的音乐会）

爱　米：这是我第一次听中国民歌音乐会，每唱完一首歌我都带头鼓掌，拍得我手都红了。没想到中国民歌这么好听。

李小兰：是啊！我是民歌迷，宁可不吃饭，也要省下钱来听音乐会。

爱　米：最后那首歌真好听，叫什么名字来着？

李小兰：那是江苏民歌《茉莉花》，在中国差不多人人都会唱，在国际上也很有名。

爱　米：你一定也会唱吧，教教我好吗？

李小兰：当然可以。你不妨买一盘磁带或者 CD，先熟悉一下曲子，等我有空儿，把歌词记录下来，再教你唱。

爱　米：那太好了。

二 常用句

1. 她身体有点儿不舒服，恐怕去不了了。
2. 幸亏一个小伙子指路，不然她就找不到了。
3. 教教我好吗？

三 生词

1. 民歌	míngē	（名）	ballad; folk song
2. 音乐会	yīnyuèhuì	（名）	concert
3. 毫不	háo bù		not at all
4. 剧场	jùchǎng	（名）	playhouse; theatre
5. 伴儿	bànr	（名）	partner
6. 一同	yìtóng	（副）	together
7. 省得	shěngde	（连）	lest; so as not to
8. 认得	rènde	（动）	know; recognize
9. 影子	yǐngzi	（名）	shadow
10. 匆忙	cōngmáng	（形）	in a hurry
11. 道歉	dào qiàn		appologize
12. 幸亏	xìngkuī	（副）	fortunately; luckily
13. 秩序	zhìxù	（名）	order
14. 宽敞	kuānchang	（形）	wide
15. 明亮	míngliàng	（形）	bright
16. 广播员	guǎngbōyuán	（名）	announcer
17. 亲切	qīnqiè	（形）	warm; close; heartily
18. 茶馆儿	cháguǎnr	（名）	teahouse; cafes
19. 一面…… 一面……	yímiàn…… yímiàn……		at the same time

20. 品	pǐn	（动）	taste sth. with discrimination
21. 谈论	tánlùn	（动）	talk about
22. 带头	dài tóu		be the first
23. 鼓掌	gǔ zhǎng		applause
24. 好听	hǎotīng	（形）	pleasant to hear
25. 宁可	nìngkě	（副）	(would) rather
26. 来着	láizhe	（助）	used at the end of affirmative sentences or special questions
27. 不妨	bùfáng	（副）	might as well
28. 曲子	qǔzi	（名）	tune; song; melody
29. 记录	jìlù	（动）	record
30. 流传	liúchuán	（动）	hand down
31. 淋	lín	（动）	pour
32. 无论	wúlùn	（连）	no matter
33. 云彩	yúncai	（名）	cloud
34. 柳	liǔ	（名）	willow
35. 掌握	zhǎngwò	（动）	grasp
36. 加以	jiāyǐ	（动）	carry through
37. 所	suǒ	（助）	what
38. 牧民	mùmín	（名）	herdsman
39. 管理员	guǎnlǐyuán	（名）	administrators
40. 大致	dàzhì	（形、副）	approximately
41. 遗产	yíchǎn	（名）	heritage; legacy

42. 变迁	biànqiān	（动）	change
43. 采集	cǎijí	（动）	gather; collect
44. 时代	shídài	（名）	age
45. 演变	yǎnbiàn	（动）	develop
46. 歌手	gēshǒu	（名）	singer
47. 相关	xiāngguān	（动）	be mutually related
48. 口头	kǒutóu	（名、形）	oral
49. 现有	xiànyǒu	（动）	in existence
50. 创作	chuàngzuò	（动、名）	creat; produce
51. 群众	qúnzhòng	（名）	the masses
52. 繁多	fánduō	（形）	various
53. 人物	rénwù	（名）	character
54. 独特	dútè	（形）	special
55. 艰巨	jiānjù	（形）	gigantic; huge
56. 情歌	qínggē	（名）	love song
57. 广阔	guǎngkuò	（形）	amplitude; wide
58. 土地	tǔdì	（名）	ground; earth
59. 收录	shōulù	（动）	record
60. 分类	fēn lèi		classify
61. 儿歌	érgē	（名）	children's song
62. 分布	fēnbù	（动）	be distributed

63. 土壤	tǔrǎng	（名）	soil
64. 以……为例	yǐ……wéi lì		take as an example
65. 大力	dàlì	（副）	energetically
66. 推广	tuīguǎng	（动）	promote

专名

1.《茉莉花》	Mòlìhuā	*Jasmine*, name of a Chinese folk song
2. 汉族	Hànzú	the Han nationality

四 语言点

（一）基本句

趋向补语“下来”的引申用法（2）

The extended usage of complement of transition 下来（2）

“下来”在这里不表示方向，而表示动作或情况的变化。

Here 下来 is not used to indicate the direction but the changes of an event or an action.

指从快到慢，从动到静，从明到暗的过程等。例如：

Here refers the state from swifness to tardiness, from motion to motienless or from brightness to darkness, etc. For example:

(1) 小汽车在他旁边慢慢停下来。

(2) 快要开演了，观众们渐渐安静下来。

(3) 车开了一下午也没到那个村子，天渐渐黑下来了。

(4) 秋天到了，天气凉下来了。

表示某状态从过去持续到现在。例如：

Here 下来 is used to indicate the state continued from past till now. For example:

(1) 虽然学汉语很困难，但同学们都坚持下来了。

(2) 这个故事是从古代流传下来的。

(二)词语用法

1. 省得

连词。连接前后两个句子，表示目的关系。前面的行为是为了避免后面的事情发生。跟“以免”用法基本相同，常用于口语。例如：

省得, conjunction, is used to connect two clauses to indicate the relation of purpose in which the previous action is done to prevent the thing after from happening. It is basically the same with 以免 in usage and is often used in oral Chinese. For example:

(1) 我们一起去剧院吧，省得你找不到。

(2) 多穿一点儿衣服，省得冷。

(3) 到了给我打个电话，省得我着急。

2. 幸亏

副词。表示由于有利条件避免了不利的事情。例如：

幸亏, adverb, is used to indicate having good luck or the advantage to prevent disadvantages from happening. For example:

(1) 幸亏我穿了雨衣，不然就被雨淋了。

(2) 幸亏有他帮忙，才把这些东西搬了上来。

3. 宁可

副词。常和“也”一起构成选择关系复句。“宁可”后面是所选择的做法，但这种做法常常不是最理想的，需要付出代价。例如：

宁可, adverb, often collocates with 也 to form complex alternative sentence. The way of doing is selected after 宁可, but this selected way of doing is usually not the best and often needs greate cost. For example:

(1) 我宁可不吃饭，也要省下钱来听音乐会。

(2) 我宁可不睡觉，也要把作业写完。

(3) 宁可挨批评，我也不去上这堂课了。

4. 来着

作助词，用在疑问句句尾，表示自己忘记了以前知道的事情，请对方帮助回忆。例如：

来着, auxiliary word, is often used at the end of a interrogative sentence to indicate that you forget something that you knew and ask the listener to help you to recall. For example:

(1) 这种花叫什么名字来着?

(2) 我们去杭州旅行是哪一年来着?

用在陈述句或有疑问代词的疑问句中，表示过去发生的。这时句中不再使用“了”、“过”。例如：

来着 is used in a declarative sentence or a sentence with an interrogative pronoun to indicate a perfect action and 了 or 过 can not be used here. For example:

（1）我刚才去图书馆来着。

（2）上星期我看见老李了，他打听你来着。

（3）你为什么不写作业？昨天晚上干什么来着？

5. 无论

连词。表示不管条件和情况，结果都不变。意思和用法和“不管”相似。后面要求使用具有表示“任何”意义的词语。常用于书面语。例如：

无论, conjunction, is used to indicate no matter what it is, the result is the same. Its meaning and usage is something like 不管 and a word with the meaning of 任何 is required. It is often used in written Chinese. For example:

（1）在中国旅游期间，无论走到哪儿，总有热心人帮助我。

（2）无论下雨还是不下雨，他都骑自行车上班。

（3）* 无论你很忙，你也要帮助我。

五 操练与交际

（一）朗读句子，注意停顿

1. 冬天 / 快到了，他们 / 买了一些白菜 / 准备过冬。
2. 早上，纷纷扬扬的雪花 / 从天空中 / 慢慢飘落下来。
3. 我这次来 / 是想让你帮我 / 找份工资高点儿的工作。
4. 开始下的是小雨，不久 / 就变成了 / 大片大片的雪花。
5. 大家都认为，他的口语表达 / 准确、流利、生动。
6. 下面请王经理介绍一下 / 这次全体职工 / 去西安旅行的 / 具体时间安排。

(二) 朗读现代诗

再别康桥

徐志摩(mó)

轻轻的我走了，
正如我轻轻的来；
我轻轻的招手，
作别西天的云彩。
那河畔（pàn）的金柳，
是夕（xī）阳中的新娘；
波光里的艳影，
在我的心头荡漾（dàngyàng）。

(三) 熟读短语

毫不犹豫	品茶	掌握语法	加以研究	所见
毫不奇怪	品酒	掌握课文	加以整理	所闻
毫不客气	品味儿	掌握情况	加以保护	所思所想
毫不知情	品一下	难以掌握	加以讨论	各有所好

(四) 用本课的生词填空

1. ________大夫及时赶来了，不然病人就没命了。
2. 爱米请小兰教她唱歌，小兰________犹豫地答应了。
3. 这首青海________是我去青海的时候跟当地的牧民学的。

4. 今天有雨，你带上雨伞吧，________被雨淋。

5. 图书馆的那个女管理员非常________，我们都愿意去找她借书。

6. 他是民歌专家，你有什么问题________去问问他。

7. 究竟是什么事呀？他们怎么________得那么热烈？

8. 这首歌是谁唱的________？我一下子想不起来了。

9. 你好好________一下，这两种茶的味道不一样。

10. 这支________我好像听过，很感人。

11. 这首歌在草原上已经________了三十多年了。

12. 服务员给我们拿错了东西，他一再向我们________。

13. 这两支曲子的风格差不多，________相同。

14. 老师课堂上讲的内容你们都________了吗？

15. 爷爷死后给她留下了一大笔________。

16. 由于历史的________，许多古迹都被埋在了地下。

17. 王先生这次到青海来，是想________一些当地的民歌。

18. 有些民歌因为跟不上________的演变而逐渐消失了。

19. 这是一名藏族________，她将用藏语给大家演唱一首藏族民歌。

20. 你能不能帮我在网上找一找跟江苏民歌________的资料？

21. 班长________通知大家，说下午就有考试。

22. 照你们________的汉语水平，还不能做翻译。

23. 这位音乐家________了很多受人民群众欢迎的作品。

(五) 组成短语

1. ________民歌　　　　2. ________亲切

3. 品________　　　　4. 谈论________

5. 毫不________　　　　6. 一同________

7. 明亮的______　　　　8. 带头________

9. ________繁多　　　　10. ________人物

11. ________独特　　　　12. 艰巨的______

（六）把下列词语和它们的解释用线连接起来

谈论	人民中间流传的歌。
茶馆儿	牧区中靠放牧生活的人。
民歌	谈话，表示对事物的看法。
牧民	歌曲的文字部分。
歌词	卖茶水和喝茶的地方。
一同	说对不起。
情歌	祖先留下来的东西。
遗产	表达爱情的歌曲。
道歉	一起。

（七）替换

1

她身体有点儿不舒服，恐怕去不了了。

没有租到房子	要住在我们家了
还是爱吃甜的	又胖了
没按时完成任务	星期天要加班了
找了半天没找到	是丢了

2

多穿点儿衣服	感冒
去之前先打个电话	白跑一趟
快告诉我	我着急
你去跟他道歉吧	他生气

我们一同去剧场，省得你找不到地方。

3

他	别忘了带护照
老师	考试别迟到
班长	三点在礼堂开会
校长	注意安全
服务员	拿好自己的东西

广播员正用亲切的声音提醒大家安静下来，关掉手机。

4

提醒我
帮个忙
别在这里吸烟
安静点儿
慢点儿说
别打扰他

教教我好吗？

(八) 用所给的词语和句式造句

1. 带了地图　　迷路（幸亏……不然）

____

2. 你提醒我　　忘记考试　（幸亏……不然）

____

3\. 开夜车　　写完作业（宁可……也）

____

4\. 不休息　　把孩子的衣服洗完（宁可……也）

____

5\. 旅游时多带点儿钱　　缺钱用（省得）

____

6\. 给妈妈打个电话　　她惦记你（省得）

____

7\. 打工　　学习汉语（一面……一面……）

____

8\. 研究中国经济　　研究欧洲经济（一面……一面……）

____

9\. 昨天晚上　　看电视剧（来着）

____

10\. 明天来　　后天来　　我们都欢迎（无论）

____

11\. 中国的民歌　　外国的民歌　　我都喜欢听（无论）

____

12\. 秋天到了　　天气凉了（下来）

____

13\. 这首民歌　　从古代　　流传（下来）

____

（九）模仿造句

1\. 李小兰约爱米一起去听音乐会，爱米毫不犹豫地接受了邀请。

__________约__________，__________毫不犹豫地接受了邀请。

2. 玛丽亚也爱听音乐会，可是她身体有点儿不舒服，恐怕去不了了。

__________也__________，可是__________，恐怕__________。

3. 幸亏一个小伙子指路，不然她就找不到了。

幸亏__________，不然__________。

4. 最后那首歌真好听，叫什么名字来着？

____________________来着？

5. 你不妨买一盘磁带或者 CD。

你不妨________________。

(十) 功能会话

1. 建议

(1) A：这种药挺有效的，你不妨试试。

B：好的，那我就试试。

(2) A：我们不妨直接跟他谈谈。

B：这样好吗？

2. 引起注意

(1) A：具体的时间安排请大家注意看通知。

B：知道了。

(2) A：请大家安静一下，开会了。

B：哦，不好意思。

3. 拒绝

(1) A：我有点儿不舒服，去不了了。

B：那下次吧。

(2) A：我今天心情不好，不想去了。

B：没关系，以后还有机会。

(十一) 阅读

中华民歌数不清

中国是一个多民族的国家，在这片广阔的土地上，生活着五十六个民族。流传在各民族群众中的民歌，品种繁多，数量也很惊人，但是由于民歌随时都在演变，再加上民歌的采集、收录工作相对落后，至今没有人能够说清全国到底有多少民歌，专家们也只能掌握民歌的种类和大致数量。但我们可以说，中国的五十六个民族，都有自己的民歌。在汉族居住的地方，不同地区的民歌也各有特色。

中华民歌从内容方面来分类，主要包括：历史歌、生活歌、劳动歌、情歌、儿歌、人物歌和故事歌等。民歌的分布也有一定的规律，相对来说，少数民族地区的民歌比其他地区丰富，农村流传的民歌比城市丰富。

无论哪个民族的民歌，都是以口头的方式流传下来的，因而很难保存。事实上，许多地方的民歌数量正在慢慢减少。一首歌往往会因为歌手不在了而消失。另外，由于时代的变迁，很多民歌失去了生存的土壤。以劳动歌为例，某一种劳动形式消失了，那么和这种劳动形式相关的民歌就会随之消失。

民歌是宝贵的文化遗产。中国民歌不仅数量多，而且具有自己独特的风格，表现的内容和演唱形式也都十分丰富，如果不尽快加以保护的话，恐怕就会失去这笔宝贵的精神财富。目前所要做的事情是：搜集并整理现有的民歌，记录、保护那些快要消失的、有价值的民歌，支持、鼓励新民歌的创作并大力推广。这不是一项简单的工作，而是一项异常艰巨的任务。

读后回答问题

1. “中华民歌数不清”的意思是什么？
2. 为什么说“中华民歌数不清”？
3. 中国民歌有哪些种类？
4. 中国民歌的分布有什么特点？
5. 民歌消失的原因是什么？
6. 为了保护民歌，我们现在可以做哪些工作？

（十二）交际

1. 自由表达

介绍一下你去看电影或者听音乐会的一次经历，下面的词语可以帮助你表达：

毫不　幸亏　省得　一面……一面……　好听　曲子　相关
时代　独特　创作

2. 完成任务

先熟悉一首中国民歌的歌词，然后学唱这首歌。

讲故事

第4课 Lesson 4

一 课文

（一）

（课堂上）

张　云：同学们，上次课的作业是每个人准备一个寓言故事，今天上课要讲一讲，现在谁先讲呢？

山　本：还是请金美英先讲吧，她是故事大王。

金美英：不敢当，不敢当，你说哪儿去了！不过早晚都得讲，我就先拣一个容易的讲吧。这个故事叫《金蛋》。很久以前，有一户穷人家，老两口儿养了好多公鸡、母鸡。一天清晨，老婆婆照例到鸡窝里去捡鸡蛋。突然，她大叫起来："老头子，快来看哪！咱们家的一只母鸡下了一个金蛋！"老头儿跑过去一看，果然是个金蛋。老头子把金蛋拿到秤上称了一下，足有十几两重，这可把两个人乐坏了。更让他们欢喜的是，从此以后，这只母鸡每天都下一个金蛋。后来……

爱　米：对不起，我插一句。我猜本来很穷的老两口儿，一下子富起来了，再也不用为生活发愁了。

金美英：没错儿。他们盖了新房子，也给那只鸡盖了一个结结实实的新鸡窝，为的是把鸡好好保护起来，防止被别人偷走。老婆婆每天都给那只母鸡喂它最爱吃的虫子。后来，他们渐渐觉得一天只有一个金蛋太少了。老头儿心想，这只鸡肚子里面一定还有许多金蛋，于是就把鸡杀死了。结果发现，鸡肚子里根本没有金蛋，只有几个还没长大的普通的鸡蛋。

高　桥：说实话，我觉得这个老头儿太傻了。如果不把鸡杀了，至少每天还可以得到一只金蛋，可是现在呢，什么也没有了。

山　本：我觉得不是他傻，是他太贪心了。

（二）

愚公移山

北山有一个老头儿叫愚公，快九十岁了。他家的对面有两座大山。一天，愚公跟家人商量："咱们把山挖掉，免得出入不便。怎么样？"大家纷纷表示赞同，只有他的妻子提出疑问："凭你的力量，连一座小山包都挖不动，怎么能挖得动这两座大山呢？再说，这些土石运到什么地方去呢？"大家说："投到海边去。"于是，愚公就带领着儿子和孙子们开始挖山。邻居的孩子

看到了，也跑过来帮忙。村子里有个叫智叟的老头儿笑话愚公："你真蠢，你已经这么大年纪了，能把大山怎么样呢?"愚公说："如果我死了，还有儿子，儿子还有儿子，子子孙孙挖下去，不怕挖不平这两座山。"智叟听了，没什么话可说了。

愚公移山的精神感动了天帝，于是天帝派了两位神仙把这两座山搬走了。

二 常用句

1. 不敢当，不敢当，你说哪儿去了！
2. 对不起，我插一句。……
3. 说实话，我觉得这个老头儿太傻了。

三 生词

1. 寓言	yùyán	（名）	fable
2. 大王	dàwáng	（名）	person highly skilled in sth.
3. 不敢当	bù gǎndāng		I realy don't deserve this.
4. 早晚	zǎowǎn	（副、名）	sooner or later; morning and evening
5. 拣	jiǎn	（动）	pick out
6. 两口儿	liǎngkǒur	（名）	husband and wife; couple
7. 公	gōng	（形）	male
8. 母	mǔ	（形）	female
9. 公鸡	gōngjī	（名）	cock; rooster
10. 母鸡	mǔjī	（名）	hen; biddy
11. 老婆婆	lǎopópo	（名）	granny
12. 窝	wō	（名）	nest
13. 老头子	lǎotóuzi	（名）	old man; old fellow
14. 老头儿	lǎotóur	（名）	old man; old fellow
15. 秤	chèng	（名）	scale balance
16. 称	chēng	（动）	weigh up
17. 两	liǎng	（量）	Chinese traditional unit of weight equivalent to 0.05 kg
18. 乐	lè	（动）	delight; happy; laugh

19. 坏	huài	（形）	as a complement to some verbs indicate intensity
20. 插	chā	（动）	stick in; interpose
21. 结实	jiēshi	（形）	solid; sturdy
22. 防止	fángzhǐ	（动）	prevent
23. 虫子	chóngzi	（名）	worm; bug
24. 至少	zhìshǎo	（副）	at least
25. 傻	shǎ	（形）	stupid; foolish
26. 贪心	tānxīn	（形）	cupidity
27. 移	yí	（动）	move
28. 对面	duìmiàn	（名）	opposite
29. 免得	miǎnde	（连）	so as not to
30. 出入	chūrù	（动）	go out and come in
31. 赞同	zàntóng	（动）	approve of; agree with
32. 疑问	yíwèn	（名）	question; doubt
33. 力量	lìliàng	（名）	force; power
34. 山包	shānbāo	（名）	little hill
35. 运	yùn	（动）	move; transport
36. 投	tóu	（动）	throw; cast
37. 带领	dàilǐng	（动）	guide; lead
38. 笑话	xiàohua	（动、名）	laugh at; joke
39. 蠢	chǔn	（形）	foolish; stupid
40. 平	píng	（形）	plain

41. 天帝	tiāndì	（名）	God
42. 神仙	shénxiān	（名）	supernatural being
43. 猫	māo	（名）	cat
44. 桃子	táozi	（名）	peach
45. 兔子	tùzi	（名）	hare; rabbit
46. 中毒	zhòng dú		poisoned
47. 混	hùn	（动）	pass for
48. 爱护	àihù	（动）	treasure; cherish
49. 祖父	zǔfù	（名）	grandfather
50. 蔬菜	shūcài	（名）	vegetable
51. 商议	shāngyì	（动）	confer; discuss
52. 不幸	búxìng	（形、名）	unfortunate; disaster
53. 对付	duìfu	（动）	deal with; cope with
54. 不论	búlùn	（连）	no matter
55. 能干	nénggàn	（形）	capable
56. 可靠	kěkào	（形）	trusty
57. 骗	piàn	（动）	cheat
58. 钻	zuān	（动）	bore
59. 洞	dòng	（名）	hole
60. 一致	yízhì	（形、副）	accord
61. 避免	bìmiǎn	（动）	avoid
62. 摘	zhāi	（动）	pick
63. 祖母	zǔmǔ	（名）	grandmother

64. 讨厌	tǎoyàn	（形）	troublesome
65. 凑	còu	（动）	gather; collect
66. 守	shǒu	（动）	keep watch; guard
67. 脚步	jiǎobù	（名）	step
68. 铃铛	língdang	（名）	small bell
69. 逃	táo	（动）	escape
70. 玉米	yùmǐ	（名）	corn

专 名

1. 愚公	Yúgōng	name of an old man
2. 智叟	Zhìsǒu	name of an old man

四 语言点

（一）基本句

1. “把”字句 (2)

“把”字句中动词的后面也可以加上结果补语。例如：

A complement of result can be used after the verb in the structure of 把 -sentence. For example:

（1）这可把两个人乐坏了。

（2）大家一起把山挖掉了。

（3）神仙把这两座山搬走了。

2. 双重否定 Double negation

表示肯定的意义，语气比一般的肯定句强。例如：

Double negation is used to indicate affirmative meaning with the mood stronger than affirmative sentences. For example:

(1) 不能说他不聪明。

(2) 不愁挖不平这两座山。

(3) 这次会议，你不能不参加。

(4) 这儿的人，他没有一个不认识。

(二) 词语用法

1. 公，母

形容词。不能作谓语，只能作定语修饰名词。不受程度副词修饰，常用于动物。例如：

公，母, adjective, can only be used as attribute to modify a noun, but not as predicate of a sentence, nor modified by adverbs of degree. They often used before the nouns of animals. For example:

公鸡　　公猫　　公牛　　公狗

母鸡　　母猫　　母牛　　母狗

这只猫是公的，那只猫是母的。

2. 免得

连词。连接目的关系复句，前句是一种行为，后句表示该行为的目的是避免后面的事情发生。跟“省得”、“以免”用法基本相同。例如：

免得, conjunction, is used in a complex sentence of relation in which an action is expressed in the former clause, and in the latter, the purpose of the action expressed is to prevent the event from happening. It is basically the same with 省得 and 以免 in usage. For example:

(1) 我得把这些东西保存好，免得丢了。

(2) 你应该多练练发音，免得别人听不懂。

(3) 你买一张地图吧，免得走错路。

五 操练与交际

(一) 朗读句子，注意停顿

1. 这孩子 / 一分钟也闲不住，一会儿 / 跑过来，一会儿 / 跑过去，一会儿 / 又让妈妈给他讲故事。
2. 捐钱的时候，有的人 / 投一两元，有的人 / 投几十元，还有的人 / 拿出几百元投进箱子里。
3. 猴子 / 喜欢吃桃子，兔子 / 喜欢吃蔬菜，猫 / 最喜欢吃老鼠。
4. 大家 / 都夸他的孩子 / 聪明、活泼，可是，谁也想不到，这个聪明的孩子 / 却做了一件傻事。
5. 我虽然死了，可是 / 还有儿子，儿子死了 / 还有孙子。
6. 我们 / 一边谈论着，一边往前走，突然 / 一辆汽车 / 在我们面前 / 停下来。

(二) 朗读现代诗

为什么

席慕容

我可以锁住我的笔，
为什么，
却锁不住爱和忧（yōu）伤？
在长长的一生里，
为什么，
欢乐总是乍（zhà）现就凋（diāo）落？
走得最急的都是，
最美的时光？

(三) 熟读短语

故事大王	公鸡	乐坏了	防止发生	海运	混日子
吹牛大王	母鸡	美坏了	防止事故	空运	混时间
养鸡大王	公猫	愁坏了	防止意外	运走	混过去
报业大王	母猫	高兴坏了	防止中毒	运来	混不下去

(四) 用本课的生词填空

1. 这种药一天吃两次，应该________服用。
2. 我只不过是学过几天画画儿，说我是画家我可________。
3. 你这样不爱护玩具，这个玩具________得被你弄坏。
4. 听完了这个笑话，大家都________了。
5. 她在路边随手采了一朵花________在了帽子上。
6. 我祖父虽然八十多岁了，但身体还很________。
7. 你帮我________一下，看看这些苹果一共多少斤。
8. 这个孩子是不是有点儿________，这么简单的问题都想不清楚。
9. 赚点儿钱就行了，别太________了。
10. 他提出的建议大家都表示________。
11. 毫无________，死者是被人用这把刀子杀死的。
12. 这些新鲜的蔬菜一大早就被________到了城里的农贸市场。
13. 村长________大家办起了企业，村民的生活越过越好了。
14. 具体的出发时间还得跟大伙儿________一下。
15. 这孩子从小父母就去世了，真________。
16. 院子里有老鼠，这些家伙很难________。
17. 你整天不努力，一直这样________下去，不会有好结果的。

18. 猴子很喜欢吃________和香蕉这两种水果。

19. 这件衣服是名牌的，________得五百块钱吧。

20. ________冬天还是夏天，他都到海里去游泳。

21. 新分配来的大学生很________，一个人可以做两个人的工作。

22. 我给你介绍的这个人绝对________，他不会骗你的。

23. 兔子发现有人过来了，一下子________进了洞里。

(五) 组成短语

1. ________大王
2. ________很结实
3. 傻________
4. 贪心的________
5. ________赞同
6. 商议________
7. 称________
8. ________一致
9. 避免________
10. 摘________

(六) 把下列词语和它们的解释用线连接起来

老头儿	父亲的母亲，奶奶。
运	把东西从一个地方移到另一个地方。
插话	最少。
贪心	扔，放进去。
至少	同意，不反对。
疑问	传说中的有超人能力的人。
投	想得到更多，总也不满足。
神仙	不明白的地方。
祖母	男性、老年人。
赞同	在别人说话的中间说。

（七）替换

1

我没有那么聪明
我哪儿是故事大王啊
你过奖了
我哪儿是专家啊
我只是个普通工人

不敢当，不敢当，你说哪儿去了！

2

我觉得你太傻了
我对你的秘密一点儿也不感兴趣
大家都讨厌他
我还是觉得西安很有特色
这件衣服你穿不太合适

说实话，我觉得这个老头儿太傻了。

3

我	水果吃完了
他	问题弄清楚了
妈妈	礼物收下了
人们	小偷抓住了

两位神仙把这两座山搬走了。

（八）连词成句

1. 把　弄　他　我的　衣服　了　脏

____

2. 别　你　我的　了　书　丢　弄　把

____

3. 要　明天　你　房间　把　自己　干净　收拾　的

____

4. 他　得　错　自己的　把　名字　写　了　马虎

____

5. 你　能　几天　完　这本书　把　翻译

____

(九) 用括号中的词语改写句子

1. 我心里很紧张。（不是不）

____

2. 我去过别的地方。（不是没）

____

3. 他知道这样做是不对的。（不是不）

____

4. 我觉得这个颜色很适合你。（不是不）

____

5.大家都讨厌他。（没有人不）

____

(十) 用括号中的词语完成句子

1. 这事瞒不住他们，______________________________。（早晚）

2. 在建筑工地上要注意安全，______________________________。（避免）

3. 出发之前再检查一下旅行包，____。（免得）

4. 这种电视机很贵，________________________________。（至少）

5. 你应该对他客气一点儿，__________________________。（至少）

6. ______________________，他都不赞同我们的意见。（不论）

7. 经过讨论，______________________________________。（一致）

（十一）模仿造句

1. 早晚都得讲，我就先拣一个容易的讲吧。

早晚都得______________，______________。

2. 对不起，我插一句。我猜本来很穷的老两口儿，一下子富起来了，再也不用为生活发愁了。

对不起，我插一句。______________________。

3. 说实话，我觉得这个老头儿太傻了。

说实话，我______________________。

4. 凭你的力量，连一座小山包都挖不动，怎么能挖得动这两座大山呢？

凭你的__________，连__________都__________，怎么能__________？

（十二）功能会话

1. 谦虚

（1）A：你的书法水平都赶上书法家了。

B：书法家可不敢当。

(2) A：你是这方面的专家，我得向你学习呀。

B：不敢当，你说哪儿去了。

2. 插话

(1) A：对不起，我想插一句。

B：好，你先说吧。

(2) A：对不起，我可以插一句吗？

B：当然。

(十三) 阅读

短文一

最近几天，老鼠们平静的生活被打乱了。主人不知道从哪儿弄回来一只猫。这只猫可真厉害，一个星期就吃掉了四只老鼠。一天半夜，老鼠们凑在洞里，一起商议办法："最近，好几个同伴都被那只母猫吃掉了！大家快想想办法怎么对付那只讨厌的猫吧！""是啊，我们住在这里为的是混口饭吃，没想到那只猫老是找我们的麻烦。""不论什么时候，它都守在洞口，我们只要一出去，就会被它发现。""那只猫真贪心，昨天把我的老祖母也吃掉了。可怜的老祖母，耳朵不好用，根本没听到猫的脚步声……。""大家快想一个好办法吧，避免再发生这样不幸的事。"

"我有个好主意！我们把铃铛挂在猫的脖子上就行了。""对呀！这样只要铃铛一响，别的老鼠就知道猫来了，就会马上逃走，免得成为猫的点心。""真是个好主意！"

老鼠们非常高兴，一致表示赞同。只要在猫的脖子上挂上铃铛，从此以后就再也不必担心了。可是，要由谁去给可怕的猫挂上铃铛呢？

"一定要派一个既可靠又能干的去完成这项任务。""喔！我怕！""我不要！""我也不行！"最后，这个想法并没有变成现实。

短文二

有一天，一只猴子下山来到一片农田里，看见田里有许多长熟的玉米，非常喜欢，就摘了一个玉米，高高兴兴地走了。

当它走到一片果园时，看到了满树的大红桃子，它就扔了玉米去摘桃子。摘了桃子又往前走，到了一个瓜园里，满园的西瓜又大又圆，它就扔了桃子，又摘西瓜。它抱着西瓜往家走。走着走着，遇见一只兔子，它看见那兔子可爱极了，就又扔了西瓜，去追兔子。结果，兔子钻进树林，不见了。猴子只好空着两只手回家了。

读后选择正确答案

1.“混口饭吃”的意思是：（　　）

A. 吃饭不用交钱　　B. 为了生存

C. 想吃米饭　　D. 只吃一口饭就够了

2.“成为猫的点心”的意思是：（　　）

A. 猫喜欢吃点心　　B. 和猫一起吃点心

C. 被猫吃掉　　D. 把猫吃掉

3.“变成现实”和下面哪个词的意思相同？（　　）

A. 实现　　B. 现实　　C. 适合　　D. 适应

4. 短文一告诉我们什么道理？（　　）

A. 老鼠永远怕猫

B. 只有好主意，没有行动是没有用的

C. 一个好主意非常重要

D. 老鼠从此以后就不怕猫了

5. 猴子丢掉了玉米，又摘了什么？（　　）

A. 桃子　　B. 西瓜　　C. 苹果　　D. 兔子

6. 短文二告诉我们什么道理？（　　）

A. 猴子太淘气

B. 猴子没有目标，什么也没得到

C. 猴子还是觉得抓住兔子更好

D. 总是改变目标，什么也做不成

（十三）交际

找一个中国的寓言故事，或者跟中国同学学习一个，在班里讲给同学们听。

第5课 Lesson 5

谈谈污染

一 课文

（一）

（金美英和高桥在散步）

美　英：高桥，最近天气一天比一天暖和了。

高　桥：是啊，春天来了。可我觉得这几天空气不太好。

美　英：这是大风把地面的沙尘吹起来造成的。

高　桥：嗯，我想也是。森林和草原的面积渐渐缩小，风沙就会越来越大。

美　英：你看到前面那幢大楼了吗？那个位置曾经是一个街心花园。

高　桥：太可惜了，以后我们只能在水泥的"森林"中散步了。

美　英：我看过一篇文章，讲的是一个伐木工，年轻时砍掉了很多树，后来他明白了，自己的工作给环境带来了多么严重的破坏。他为此感到后悔，退休以后，他一直在种树。

高　桥：可是我听说原始森林一旦被破坏了，再努力也恢复不到以前的状态了。

美　英：是吗？那真是太可怕了。

（二）

一个世纪以来，科学技术的快速发展给整个世界带来了巨大变化，也使人们的物质生活丰富起来。但是，在我们享受幸福生活的同时，污染也产生了。

近几十年来，塑料已经深入到人们的日常生活当中，例如：塑料袋、餐盒、饮料瓶、包装盒等等。然而有人说，塑料是人类最糟糕的发明，因为塑料制品造成的“白色污染”很难清除。

生活在城市中，我们每天都要忍受各种噪音：汽车、广告、手机、冰箱、洗衣机、空调……这些噪音也是一种污染。

你的家中有洗衣粉、化妆品或者香水吗？这些东西给人们带来清洁和美丽的同时，还会给人体造成伤害。含磷洗衣粉不但会导致皮炎，更会对水造成污染。香水，除了会引起慢性呼吸系统疾病以外，其中的有害物质还会破坏大气的质量。

污染无处不在，治理污染既要靠政府和社会的力量，也要从每个公民自己做起。我们可以拒绝使用一次性的饭盒和方便筷子，去商场时自带购物袋，把身边的报纸、饮料瓶回收再利用等等。这样坚持下去，不仅可以降低污染，保护环境，还可以节约资源，创造出新的价值呢！

二 常用句

1. 这是大风把地面的沙尘吹起来造成的。
2. 太可惜了。
3. 他为此感到后悔。
4. 再努力也恢复不到以前的状态了。

三 生词

1. 污染	wūrǎn	（动）	pollute; pollution
2. 可	kě	（连）	but
3. 地面	dìmiàn	（名）	land surface; ground
4. 沙尘	shāchén	（名）	dust; sand

5. 森林	sēnlín	（名）	forest
6. 缩小	suōxiǎo	（动）	reduce; lessen
7. 风沙	fēngshā	（名）	wind-blown sand
8. 幢	zhuàng	（量）	a measure word
9. 位置	wèizhì	（名）	position
10. 可惜	kěxī	（形）	unfortunately; It's a pity!
11. 水泥	shuǐní	（名）	cement
12. 伐木工	fámùgōng	（名）	woodsman; lumberman
13. 此	cǐ	（代）	this
14. 原始	yuánshǐ	（形）	primeval
15. 一旦	yídàn	（副）	once; in a case
16. 破坏	pòhuài	（动）	destroy
17. 塑料	sùliào	（名）	plastic
18. 餐盒	cānhé	（名）	mess-tin
19. 糟糕	zāogāo	（形）	terrible; bad luck
20. 发明	fāmíng	（动、名）	invent; invention
21. 制品	zhìpǐn	（名）	products
22. 清除	qīngchú	（动）	clear away; get rid of
23. 忍受	rěnshòu	（动）	bear
24. 噪音	zàoyīn	（名）	noise
25. 洗衣粉	xǐyīfěn	（名）	washing powder
26. 香水	xiāngshuǐ	（名）	perfume
27. 人体	réntǐ	（名）	body

28. 伤害	shānghài	(动)	damage; do harm to
29. 磷	lín	(名)	phosphorus (P)
30. 导致	dǎozhì	(动)	lead to; bring about
31. 皮炎	píyán	(名)	dermatitis
32. 慢性	mànxìng	(形)	chronic
33. 有害	yǒu hài		be harmful
34. 大气	dàqì	(名)	atmosphere
35. 治理	zhìlǐ	(动)	rule over; govern
36. 公民	gōngmín	(名)	citizen
37. 一次性	yícìxìng	(形)	disposable; one-time
38. 购物袋	gòuwùdài	(名)	shopping bag
39. 身边	shēnbiān	(名)	at hand; nearby
40. 回收	huíshōu	(动)	recycle
41. 降低	jiàngdī	(动)	reduce; cut down
42. 创造	chuàngzào	(动)	create; produce
43. 垃圾	lājī	(名)	rubbish
44. 闻	wén	(动)	smell
45. 臭	chòu	(形)	smelly; foul
46. 忽视	hūshì	(动)	overlook
47. 危险	wēixiǎn	(形)	dangerous
48. 唯一	wéiyī	(形)	single; only
49. 短缺	duǎnquē	(动)	shortage; deficiency
50. 洁净	jiéjìng	(形)	clean; neat and tidy

51. 对待	duìdài	（动）	treat
52. 野生	yěshēng	（形）	wild
53. 救	jiù	（动）	save
54. 污水	wūshuǐ	（名）	waste water
55. 实际上	shíjì shang		in fact
56. 总之	zǒngzhī	（连）	in a word; in short
57. 碰到	pèng dào		come up against
58. 沙漠	shāmò	（名）	desert
59. 自然界	zìránjiè	（名）	natural world; nature
60. 拥有	yōngyǒu	（动）	possess; have
61. 消灭	xiāomiè	（动）	perish; die out

四 语言点

（一）基本句

再……也……

表示即使出现比现在更进一步的情况，结果也是一样。例如：

再……也……is used to indicate the result is the same even if the condition gets furthered. For example:

（1）天再冷我也不怕。

（2）你再说他也不明白。

（3）医生再努力也治不好他的病了。

（二）词语用法

1. 幢

量词。常用于房屋。例如：

幢, measure word, is often used to modify houses or buildings. For example:

两幢楼　　一幢房子　　一幢楼房

2. 慢性

形容词。不能作谓语，只能作定语修饰名词。不受程度副词修饰，反义词为“急性”。例如：

慢性, adjective, can only be used as attribute to modify a noun, but not as predicate, nor can be modified by adverbs of degree. Its antonym is 急性. For example:

慢性疾病　　慢性呼吸系统疾病

慢性胃炎（wèiyán）　　慢性气管炎（qìguǎnyán）

他的气管炎是慢性的。

五 操练与交际

（一）朗读句子，注意停顿

1. 这可真是/太可惜了。
2. 这是今年冬天下的/第一场雪。
3. 父亲的话/深深地/印在/我的脑子里。
4. 真可惜，我/今天不能去了。
5. 自己做过的事情，就/永远永远/不要后悔。
6. 从此，西红柿/才被定为蔬菜，成为/人们餐桌上的/一道美食。

（二）朗读现代诗

我遥望

曾卓(zhuó)

当我年轻的时候，
在生活的海洋中偶尔抬头，
遥望六十岁，像遥望
一个远在异国的港口。

经历了狂风暴(bào)雨，惊涛(tāo)骇(hài)浪，
而今我到达了，有时回头，
遥望我年轻的时候，像遥望
迷失在烟雾中的故乡。

（三）熟读短语

水污染	原始人	塑料袋	清除污染	一次性纸杯
大气污染	原始社会	塑料餐盒	清除垃圾	一次性筷子
治理污染	原始森林	塑料杯子	彻底清除	一次性餐盒
污染环境	原始状态	塑料制品	难以清除	一次性相机

（四）用本课的生词填空

1. 战争期间，这里的名胜古迹受到了严重的________。
2. 这________楼房是新建的宿舍楼。
3. 由于修建高速公路，这里的农田面积大大________了。
4. 通过调查，我掌握了当地民歌的________资料。
5. 河里的水有一种难闻的臭味儿，显然水已经被________了。
6. 真________，这次聚会你没来参加。

7. 莱特（Láitè）兄弟两个人________了世界上第一架飞机。

8. 别唱了，你觉得你唱得很好听吗？可对我来说简直是________。

9. 抽烟过多可能________呼吸系统疾病。

10. 天气热了起来，各大商场纷纷________了冬装的价格。

11. 目前政府正在想办法________城市的空气污染。

12. 你们的图书馆在校园里的什么________？

13. 真________，我忘了带钱包了，连午饭也吃不上了。

14. 爸爸整天忙工作，________了对孩子的教育。

15. 垃圾如果不及时清除会有臭味儿，让人无法________。

16. 这种装饰材料的味儿很难________，可能对人体________。

17. 他得了一种________病，很难马上治好。

18. 这位老人的孩子都结婚了，都不在他的________。

19. 啤酒喝完了以后，酒瓶子可以________再利用。

20. 这些小孩子在马路上踢足球，太________了。

21. 我没有什么爱好，________的爱好就是打网球。

22. 由于资金________，我们公司的经营碰到了很多困难。

23. 我们人类想要拥有健康的身体，就需要________的水和空气。

24. 学校里的老师像________自己的孩子那样照顾这些学生。

（五）组成短语

1. 原始________
2. ________污染
3. 发明________
4. 清除________
5. 忍受________
6. 导致________
7. 慢性________
8. 治理________
9. 一次性________
10. 野生________
11. 降低________
12. 唯一的________

(六) 把下列词语和它们的解释用线连接起来

制品	做砍伐树木工作的工人。
救	风和被风吹起的沙土。
原始	最初的，最古老的。
噪音	制造出来的物品。
伐木工	混乱、不好听的声音。
风沙	不干净的水。
污水	不足，缺少。
短缺	帮助人离开危险或死亡。

(七) 替换

1

这是<u>大风把地面的沙尘吹起来</u>造成的。

司机酒后驾车
他们俩打架
不重视安全生产
人类不注意保护环境

2

<u>街心花园消失了，</u>太可惜了。

放弃考试
把这些东西丢掉
你不能来
那么年轻就死了，

3

过去的事情
没听别人的劝告
当初的决定
当时的态度

他为此感到后悔。

4

努力学习	提高不上去了
劝	劝不回来了
缺钱	不能去偷啊
冷	达不到零下 10 度

再努力也恢复不到以前的状态了。

(八) 挑错并改正

1. 出发之前，先打听清楚路线，以便走错了路，耽误了时间。 （ ）
A B C

2. 李教授离婚以后去英国工作了。听说了这件事以后，大家纷纷说。 （ ）
A B C

3. 随着科技的进步和社会经济的快速发展，环境污染问题很严重。 （ ）
A B C

4. 他哥哥很懒，宁可吃，也不自己做点儿饭。 （ ）
A B C

5. 我明天的计划是：先去银行取点儿钱，然后买东西去商店。 （ ）
A B C

6. 他对客人们说："你们先坐下，我去把水果洗，然后我们边吃边聊。" （ ）
A B C

（九）模仿句子，用加点的词语造句

1. 你帮我出出主意，要不，我真不知道该怎么办好。

   ____

2. 他说得很慢，以便每一个人都能听清楚。

   ____

3. 随着汉语水平的提高，我渐渐能看懂中文报纸了。

   ____

4. 高中毕业以后没考上大学，于是，表弟来到城里打工。

   ____

5. 幸亏提前买了火车票，不然，就没有办法回家了。

   ____

6. 困难再大我也要坚持下去。

   ____

7. 他们都说她的歌唱得不错，实际上，我觉得一般。

   ____

8. 北京有很多名胜古迹，西安的历史很悠久，广州的小吃最吸引人，总之，每个地方都有自己的特色。

   ____

（十）功能会话

1. 后悔

（1）A：你没参加旅行，真可惜。

B：是啊，我也对自己的决定感到后悔。

（2）A：小王没通过考试，真可惜。

B：他也为自己没好好复习感到后悔。

2. 遗憾

(1) A：这幢老房子就要被拆（chāi）掉了。

B：太可惜了。

(2) A：听说这种鱼现在已经灭绝了。

B：真可惜。

（十一）阅读

世界上最危险的动物是什么？

“世界上最危险的动物是什么？”这个问题写在德国野生动物园的一座小木屋的墙上。碰到这样的问题，你怎么回答呢？有些人可能会想到狮子、老虎什么的。但是这个野生动物园告诉参观者，这个问题的答案，当你打开木屋的门时，就可以看到。当然，参观者可以发挥自己的想象力，只是这个答案常常是参观者所想象不到的。这个答案之门一打开，里面是一面大镜子，参观者会从镜子中看到自己。它实际上是在告诉参观者：世界上最危险的动物是人类！

世界上最危险的动物是人类？这个答案可能让有的人无法接受，但看看我们现在生存的环境就明白了。我们唯一的地球上，土地沙漠化日益严重，水资源严重短缺，大气污染使我们看不到蓝天，呼吸不到新鲜、洁净的空气，由于生存环境的破坏导致动物和植物迅速灭绝。总之，情况越来越糟糕。

更糟糕的是，目前，人类还是认为自己是地球的主人，忽视了自然界的存在。人类拥有消灭其他动物和植物的一切办法。在现代，地球上动植物的灭绝，大部分是由人类的活动造成的。我们必须认识到：人类只有好好对待地球，好好对待其他动物和植物，才能救自己，否则，人类消失的日子就不远了。

读后回答问题

1. 作者认为世界上最危险的动物是什么？
2. 野生动物园是怎么告诉参观者答案的？
3. 我们现在生存的环境和以前比怎么样？
4. 作者认为目前动物和植物灭绝的主要原因是什么？
5. “人类是地球的主人”的想法对不对？

(十一) 交际

1. 自由表达

讨论一下，我们可以为当地的环境保护做些什么事情。下面的词语可以帮助你表达：

污染　位置　破坏　糟糕　忽视

唯一　总之　实际上　垃圾有害

2. 任务

选一件现在可以做的保护环境的事情，然后和同学们一起去做。回来后写一篇小作文。

第6课 Lesson 6 春运

一 课文

（一）

（张云老师在售票大厅买火车票，一个票贩子走到她跟前，用胳膊碰了碰张老师）

票贩子：你去哪儿？我这儿哪次车的票都有。

张　云：去哈尔滨的261次有吗？

票贩子：有，不过一张票得多加一百块。

张　云：我的天！一张票加一百块，我买三张就得加三百。

票贩子：三百块还算多呀？买春运的票就不要小气了！现在去哪儿的票都紧张，即使你在这儿待上一天，也很难买到票。你得想开点儿，有好些人排了三天队还没买到呢！再说，我卖票从来不欺骗人，绝对没有假票。

张　云：我先排队试一试。

票贩子：别排了，等你排到窗口准没票了。除非你有关系，不然甭想买到票。你到底要不要？别耽误我的工夫。

张　云：你别催我，让我再想想，哪儿有你说得这么难？

票贩子：这有什么可考虑的？不要这么死心眼儿了！

（见警察朝这边走过来，票贩子慌忙走开了）

（二）

（张云老师的话）

又快过春节了。算起来，我已经有三年没回家过春节了。以前每一次回家前都要再三考虑，下很大的决心。因为先要熬一个晚上买到火车票，然后挤进乱七八糟的火车站等车，随着成百上千的人一起冲上火车，到站了，又要提着大包小包挤下火车。坐一次火车就像经历了一场战斗。

近几年，春运的情况有了很大好转。政府采取了一系列措施，全面解决春运遇到的问题。在春运期间，一些旅客比较集中的大站，除了照常运行的列车以外，还增加了好些临时列车；

车站延长售票时间，车站旁还增设临时售票窗口；火车票也可以提前上网预订了；有些大车站不仅卖单程票，还可以买到往返的。公安部门这个时候也密切配合车站，坚决打击票贩子，保护人民群众的利益。

如今再也不用为出门发愁了，因为有许多交通工具可供选择。长途汽车也是一种很便利的交通工具，坐汽车走高速公路跟坐火车的时间差不多。飞机票的价格虽然比火车票高，但是坐飞机可以节省很多时间，如果运气好的话，有的航空公司还有非常优惠的机票呢。

最近听说，为了提高铁路运输的效率，从这里到我的老家正在修建一条客运专线。建成后，火车的速度会大大加快，原来九个小时的路程只用三四个小时就到了。到那时，我就可以每年都回家过年了。

二 常用句

1. 我的天！
2. 你得想开点儿。
3. 运气真不错。
4. 再也不用为出门发愁了。

三 生词

1. 春运	chūnyùn	（名）	transport in the period of the Spring Festival
2. 贩子	fànzi	（名）	monger
3. 跟前	gēnqián	（名）	in front of
4. 胳膊	gēbo	（名）	arm
5. 小气	xiǎoqi	（形）	mean; stingy
6. 好些	hǎoxiē	（数）	many
7. 欺骗	qīpiàn	（动）	cheat
8. 除非	chúfēi	（连）	only if
9. 甭	béng	（副）	don't; needn't
10. 工夫	gōngfu	（名）	time; spare time
11. 催	cuī	（动）	urge; hurry
12. 慌忙	huāngmáng	（形）	in a hurry
13. 再三	zàisān	（副）	over and over again
14. 乱七八糟	luànqibāzāo		in a mess
15. 成百上千	chéng bǎi shàng qiān		hundreds and thousands
16. 冲	chōng	（动）	clash; rush
17. 战斗	zhàndòu	（名、动）	battle; fight
18. 好转	hǎozhuǎn	（动）	improve

19. 全面	quánmiàn	（形）	over-all; comprehensive
20. 旅客	lǚkè	（名）	passenger; hotel guest
21. 集中	jízhōng	（形）	concentrate; centralize
22. 照常	zhàocháng	（副）	as usual
23. 运行	yùnxíng	（动）	run; circulate
24. 列车	lièchē	（名）	train
25. 延长	yáncháng	（动）	extend
26. 旁	páng	（名）	side; edge
27. 增设	zēngshè	（动）	set up more
28. 单	dān	（形、副）	odd; single
29. 单程	dānchéng	（名）	one way; single way
30. 往返	wǎngfǎn	（动）	go there and back
31. 公安	gōng'ān	（名）	police; public secutity
32. 密切	mìqiè	（形）	close
33. 坚决	jiānjué	（形）	be firm in
34. 打击	dǎjī	（动）	beat
35. 利益	lìyì	（名）	advantage
36. 供	gōng	（动）	supply
37. 便利	biànlì	（形、动）	convenient; easy
38. 节省	jiéshěng	（动）	economize; save
39. 航空	hángkōng	（动）	aviation
40. 铁路	tiělù	（名）	railway
41. 效率	xiàolǜ	（名）	effciency

42. 客运	kèyùn	（名）	passenger transport ation
43. 专线	zhuānxiàn	（名）	special line
44. 大大	dàdà	（副）	greatly
45. 路程	lùchéng	（名）	distance traveled; journey
46. 那时	nàshí	（代）	at that time; then
47. 下旬	xiàxún	（名）	last ten days of a month
48. 管	guǎn	（动）	manage; dicipline mind
49. 近期	jìnqī	（名）	recently; in the near future
50. 持续	chíxù	（动）	last
51. 空前	kōngqián	（名）	unprecedented
52. 繁荣	fánróng	（形、动）	boom; flourish
53. 日报	rìbào	（名）	daily paper
54. 来自	láizì	（动）	derive from; come from
55. 处于	chǔyú	（动）	be (in some state, position or condition)
56. 股	gǔ	（量）	a measure word (for air, smell, water, strength, etc.)
57. 周边	zhōubiān	（名）	circumambience
58. 城镇	chéngzhèn	（名）	cities and towns
59. 高校	gāoxiào	（名）	colleges and universities
60. 开学	kāi xué		start school; begin a term
61. 采用	cǎiyòng	（动）	adopt
62. 温度	wēndù	（名）	temperature

63. 出口	chūkǒu	（名）	exit
64. 主流	zhǔliú	（名）	main stream
65. 东北	dōngběi	（名）	northeast; Northeast China
66. 高潮	gāocháo	（名）	climax; high tide

专名

重庆	Chóngqìng	name of a city

四 语言点

（一）基本句

哪儿有……这么……的

这是一种反问句，意思是“没有……这样……的”。一般的句式为“哪儿有＋名/代＋这么＋动/形＋的”。例如：

This structure of 哪儿有 + N./ Pron. + 这么 + V./Adj.+ 的 is a rhetorical question. The meaning of it is negation. For example:

（1）哪儿有你这么小气的？

（2）哪儿有你这么说话的？

（3）夏天，南方哪儿有大连这么凉快？

（二）词语用法

1. 除非

连词。连接两个句子，表示唯一的条件，常和“才”一起用。例如：

除非, conjunction, is used to connect two clauses to mean the only condition, and is often used with 才. For example:

(1) 除非你去，他才去。否则他不会去的。

(2) 想得到好成绩，除非多下工夫。

2. 再三

副词。表示一次又一次地。例如：

再三, adverb, is used to indicate many times. For example:

(1) 临行前，母亲再三嘱咐她要小心身体。

(2) 他考虑再三，还是决定换个工作。

3. 旁

方位名词。表示旁边。例如：

旁, noun of location, is used to mean “side”. For example:

车站旁　　身旁　　旁观　　旁门

(1) 马路两旁都种上了树。

(2) 你先在一旁等一会儿。

五 操练与交际

（一）朗读句子，注意语气

1. 谁能给大家讲一个呢？

2. 什么是真正的爱情？

3. 为什么你不去帮帮他？

4. 我哪儿能欺骗老朋友哇？

5. 北京哪儿有大连这么凉快？

6. 你凭什么不给我退钱？

（二）熟读短语

再三考虑	身旁	单号	供水	上旬
再三解释	路旁	单人床	供电	中旬
再三道歉	车站旁	单人间	供食宿	下旬
再三表示	街道旁	女子单打	供人参观	中下旬

（三）用本课的生词填空

1. 我费了一下午的________才把这道数学题弄明白。

2. 昨天那个卖水果的小________骗我，多收了我十块钱。

3. 你真________，跟你要几张纸都不给。

4. 孩子谈恋爱的事你就________管了，你这老观念早就落后了。

5. 他怎么还没准备好哇，你再________他一下，让他快点儿。

6. 瞧你的房间，________的，快收拾收拾吧。

7. 医生说他的病情有所________，再过几天就可以出院了。

8. 近期持续下雨，大水________坏了好几所房子。

9. 这处历史古迹三个月以后可以________人参观。

10. 可以说，现在的中国经济________繁荣，人民的生活水平快速提高。

11. 学校为学生提供了很多________条件。

12. 现在水资源短缺，我们日常用水应该________一点儿。

13. 各家________对这件事都有详细的报道。

14. 这所语言学校有________世界各地的学生。

15. 从现在的比赛情况来看，我们学院的足球队________优势地位。

16. 打开窗户，窗外就吹进来一________暖暖的风。

17. 天气预报说，这种降水天气一直会持续到本月________。

18. 上海________的小城镇也很有特色，有时间可以去看看。

19. 进入九月，各地的高校都陆续________了。

20. 工厂采用了先进的生产技术，从而大大提高了生产________。

21. 他的态度很________，谁劝也不行。

22. 在学生复习考试阶段，图书馆________了开馆时间。

23. 这里的银行、邮局星期天都________营业。

（四）根据要求组成短语

1. 好些________（中心语）
2. ________旁（定语）
3. 欺骗________（宾语）
4. 节省________（宾语）
5. 再三________（中心语）
6. 全面________（中心语）
7. 集中________（补语）
8. 来自________（宾语）
9. ________效率（动词）
10. 一股________（中心语）
11. ________密切（主语）
12. ________的利益（定语）

（五）写出符合解释的词语

1. 不用：__________
2. 形容数量非常多：__________
3. 形容很乱：__________
4. 火车：__________
5. 方便：__________

6. 每天出的报纸：__________

7. 最近一段时期：__________

8. 大学：__________

9. 旅行的人：__________

10. 周围：__________

(六) 替换

1

你得想开点儿，有好些人排了三天队还没买到呢！

失败一次没关系
买不到火车票可以坐汽车
这次考得不好下次再努力
词典丢了可以买新的

2

买一点儿尝尝	买
看看是什么东西	看
等他一会儿	等
拍张照片	拍

A：我先排队试一试。
B：别排了。

3

除非你有关系，不然甭想买到票。

你给他钱	他不会告诉你
你亲自去请他	他不会来
你通过考试	学校不会要你的
坐飞机	来不及

4

可以看到海上日出

这场比赛就能赢

可以赚到三百万

能买到刚刚烤好的面包

如果运气好的话，有的航空公司还有非常优惠的机票呢。

(七) 用“哪儿有……这么……的”改写句子

1. 没有像小王这么傻的。

    ____

2. 没有像你这样跟长辈说话的。

    ____

3. 没有跟她一样聪明的人。

    ____

4. 没有像你这么没有礼貌的人。

    ____

5. 市中心没有像这里这么安静的地方。

    ____

(八) 用括号中的词语完成句子

1. 他每天都坚持锻炼，______________________________。（除非）
2. ______________________________，不然他不会答应的。（除非）
3. 因为她把我的东西弄坏过好些次，____________________。（再三）
4. 我住的小区旁新建了一家大型超市，________________。（大大）
5. 我是去年九月来中国的，__________________________。（那时）
6. 这些游客____________________________________。（来自）

7. 我们公司生产的产品目前______________________________。（处于）

8. 夏天到了，____。（持续）

（九）模仿造句

1. A：我的天！一张票加一百块，我买三张就得加三百。

   B：三百块还算多呀？哪儿有你这么小气的？

   A：我的天！______________，我______________。

   B：____________还算____________呀？哪儿有你这么__________的？

2. 这有什么可考虑的？

   这有什么可____________？

3. 算起来，我已经有三年没回家过春节了。

   算起来，我已经有__________没____________了。

4. 政府采取了一系列措施，全面解决春运遇到的问题。

   __________采取了__________，全面解决______________。

5. 如今再也不用为出门发愁了，因为有许多交通工具可供选择。

   如今再也不______________了，因为______________________。

6. 到那时，我就可以每年都回家过年了。

   到那时，我就可以______________________。

(十) 功能会话

1. 庆幸

（1）A：我买到音乐会的票了。

B：你运气不错。

（2）A：听说小刘中了一等奖。

B：是吗？他运气真好。

2. 安慰

（1）A：这回面试又没通过，真倒霉。

B：别难过了，下回努力吧。

（2）A：钱包丢了我不心疼，可里面还有一千块钱哪！

B：想开点儿，钱丢了再赚呗。

(十一) 阅读

春运的消息

据《南京日报》报道，近期南京的天气非常好，温度随着春天的到来逐渐升高。现在离春运结束还剩一个星期，记者昨日上午来到南京火车站、长途汽车站等地方进行了采访。记者了解到：近期学生旅客的人数大大增加，农民工旅客连续不断，而且主要集中在铁路运输和公路客运上。

从 2 月 16 日起，全国高校陆续开学。记者在长途汽车站出口看到，背着大包小包的学生纷纷涌出车站，他们大多来自南京周边的城镇。而南京火车站进出的学生旅客也非常集中，成为旅客的主流。目前南京站开往东北、京津广以及成都、重庆等方向的车票空前紧张。

南京铁路部门近期每天增加了 60 趟临时列车。南京站、南京西站和南站都增设了售票窗口，为的是保证全国各大高校学生顺利返校上课。据介绍，学生客流将集中在 2 月 15 日至 18 日这四天，他们占总旅客人数的六成以上。

同时，农民工旅客数量也仍然处于持续增加的状态，这批农民工大多是一家老小一起走，不久就会出现一个农民工客运的高潮。据估计，这股客运高峰将会持续到本月下旬。

读后回答问题

1. 近期南京的天气怎么样？
2. 近期坐汽车和火车的主要是哪些人？
3. 去哪些城市和地区的火车票很紧张？
4. 南京铁路部门为解决春运问题，采取了哪些措施？
5. 文章最后一段中“一家老小”的意思是什么？

（十二）交际

1．自由表达

介绍一下在交通问题上，你遇到过哪些困难，有什么感受。

2．完成任务

去火车站、飞机场的问询处，或者打电话问一下你想知道的售票情况。比如火车的车次和售票时间，飞机的航班、票价及优惠情况等等。

第7课 Lesson 7

聊京剧

一 课文

（一）

（爱米去听一个京剧艺术讲座，中间休息的时候，她和京剧研究所的李先生聊了起来）

李先生：爱米同学，刚才你听得真认真，我看你在底下一边听还一边做笔记呢。

爱　米：有的地方我听不大懂，先记下来，以后再向人请教。您是专家，我有问题的话您能否给我解答呀？

李先生：专家倒谈不上。我知道的可能不比你多。

爱　米：哪里，您太谦虚了。我真得虚心向您请教。

李先生：爱米，你是什么时候开始对京剧产生兴趣的呢？

爱　米：五年以前。我第一次在中国看京剧，就被京剧的服装、脸谱和动人的音乐强烈地吸引住了。我觉得没有比京剧更美的艺术了。学了汉语之后，我才知道，我了解的都是表面的东西，京剧中还包含着丰富的文化和历史知识。

李先生：是呀。概括地说，京剧是一门综合艺术，里面的学问大着呢。

爱　米：不过，我听说现在中国许多年轻人都不太喜欢京剧。

李先生：的确如此。传统京剧有些脱离时代了，观众数量远远比不上通俗歌曲。失去了广大的观众，京剧必然会走向衰落，那也是中国传统文化的一大损失。

爱　米：嗯，我觉得京剧正面临着危机。

李先生：所以，有些艺术家提倡京剧改革。只有让更多的人了解京剧、喜爱京剧，京剧艺术才能得到发扬。

爱　米：李先生，我们最近成立了一个“老外戏迷会”，我担任副会长。我们想给更多的西方人介绍京剧，为京剧走向世界做些力所能及的事。

李先生：那太好了！发扬京剧艺术正需要像你们这样的人。爱米，你最近学了什么新段子了？

爱　米：《四郎探母》我差不多会唱了，可我唱得不怎么样。

李先生：你还真有两下子。在中国，我们管不是专业演员但唱戏水平很高的人叫票友，现在你也可以算得上票友了。

爱　米：哪里哪里，您过奖了。

（二）

大卫跑来告诉爱米，今天下午校京剧团有一场演出，是用外语演唱京剧。爱米听了心里很纳闷儿：不用汉语也能唱京剧？她决定去看个究竟。

下了课，她赶忙来到礼堂。台上一位女同学正在用日语演唱京剧《苏三起解》。一段唱完，台下响起一片热烈的掌声。

大卫给她介绍说，刚才那位唱戏的女生日语非常棒，曾经参加过全国日语演讲比赛。她在读大学前，从来没有接触过京剧，更没想过自己还会登台演唱。大二时，有一次到学校的剧团帮忙，看到同学们正在排练《红娘》，蝴蝶般花花绿绿的服装一下就把她吸引住了。随后，她借来一盘《红娘》的录像反复看，从此便迷上了京剧。如今，她的水平虽然比不上专业演员，但已经能演唱十多个京剧名段了。她的表演受到了专家的表扬，特别是用日语演唱的京剧，还在比赛中获过奖呢。

二 常用句

1. 您太谦虚了。
2. 的确如此。
3. 我唱得不怎么样。
4. 你真有两下子。
5. 您过奖了。

三 生词

1. 讲座	jiǎngzuò	（名）	a course of lectures
2. 研究所	yánjiūsuǒ	（名）	research institute
3. 底下	dǐxia	（名）	below
4. 笔记	bǐjì	（名）	note
5. 解答	jiědá	（动）	answer
6. 虚心	xūxīn	（形）	modest
7. 脸谱	liǎnpǔ	（名）	types of facial make-up in Opera
8. 强烈	qiángliè	（形）	strong; intense
9. 表面	biǎomiàn	（名）	surface
10. 包含	bāohán	（动）	contain; include
11. 概括	gàikuò	（形）	briefly
12. 综合	zōnghé	（动）	comprehensive
13. 如此	rúcǐ	（代）	so; thus
14. 脱离	tuōlí	（动）	break away
15. 通俗	tōngsú	（形）	popular; common
16. 广大	guǎngdà	（形）	vast; large
17. 必然	bìrán	（形）	inevitable; be bound to
18. 衰落	shuāiluò	（动）	decline; decay
19. 损失	sǔnshī	（动、名）	expense; lose
20. 危机	wēijī	（名）	crisis

21. 艺术家	yìshùjiā	（名）	artist
22. 提倡	tíchàng	（动）	advocate
23. 发扬	fāyáng	（动）	carry forward; develop
24. 担任	dānrèn	（动）	assume the office of
25. 副	fù	（形）	assistant; vice-
26. 力所能及	lì suǒ néng jí		in one's power
27. 段子	duànzi	（名）	paragraph
28. 探	tàn	（动）	visit
29. 有两下子	yǒu liǎngxiàzi		have real skill
30. 管……叫……	guǎn……jiào……		call as
31. 票友	piàoyǒu	（名）	amateur in Peking opera
32. 过奖	guòjiǎng	（动）	overpraise
33. 演唱	yǎnchàng	（动）	sing
34. 纳闷儿	nà mènr		bewildered; puzzled
35. 究竟	jiūjìng	（名）	outcome; result
36. 赶忙	gǎnmáng	（副）	hurriedly; hastily
37. 女生	nǚshēng	（名）	woman student
38. 排练	páiliàn	（动）	rehearsal
39. 剧团	jùtuán	（名）	theatrical company; opera troupe
40. 蝴蝶	húdié	（名）	butterfly
41. 般	bān	（助）	kind; same as

42. 花花绿绿	huāhuālǜlǜ	（形）	brightly colored; colorful
43. 录像	lùxiàng	（名）	videotape
44. 表扬	biǎoyáng	（动）	praise
45. 获	huò	（动）	obtain; win
46. 戏曲	xìqǔ	（名）	traditional opera
47. 障碍	zhàng'ài	（动、名）	obstacle; block
48. 配音	pèi yīn		dub
49. 动作	dòngzuò	（名）	performance
50. 充实	chōngshí	（形、动）	rich; abundant; enrich
51. 广泛	guǎngfàn	（形）	universal; wide range
52. 暂时	zànshí	（名）	in a short period
53. 观看	guānkàn	（动）	observe
54. 无限	wúxiàn	（形）	infinite; limitless
55. 可观	kěguān	（形）	considerable
56. 海外	hǎiwài	（名）	overseas
57. 长期	chángqī	（名）	long-term
58. 剧目	jùmù	（名）	list of plays
59. 武打	wǔdǎ	（名）	martial art
60. 技巧	jìqiǎo	（名）	technique; skill
61. 唱腔	chàngqiāng	（名）	aria; melodies for the singing part in a Chinese opera
62. 剧情	jùqíng	（名）	story line; plot of a play
63. 魅力	mèilì	（名）	charm

64. 认可	rènkě	（动）	approve of; confirm

专　名

1.《四郎探母》	Sìláng Tàn Mǔ	name of a Peking opera
2.《苏三起解》	Sūsān Qǐjiè	name of a Peking opera
3.《红娘》	Hóngniáng	match-maker; name of a Peking opera
4.《白蛇传》	Báishé Zhuàn	name of a Peking opera

四 语言点

（一）基本句

1. 几种比较句　Some comparative sentences

（1）不比：“不比”除表示“不如”之外，还可以表示它前后的两项差不多或一样。例如：

There is an another usage of 不比. It indicates that there are scarcely differences between the two items compared. For example:

① 我知道的可能不比你多。

② 这首歌不比那首好听。

③ 他的汉语水平不比你差。

（2）没有比……更……：表示在比较范围中达到“最”的程度。例如：

没有比……更…… is used to denote the dgree reached the superlative degree among what are compared. For example:

① 没有比京剧更美的艺术了。

② 没有比这更好的了。

(3) A 比不上B：表示比较，A 没有 B 好，常用于口语，相当于“不如”。也说“赶不上”。例如：

A 比不上 B is used in oral Chinese to denote A are not as good as B. 比不上（赶不上）means almost the same with 不如. For example:

① 他的水平比不上专业演员。

② 她长得比不上你。

③ 这件衣服的质量比不上那件。

2. 管……叫……

是“把……称做……”的意思。例如：

管……叫…… means named...as.... For example:

(1) 她是我哥哥的妻子，我管她叫嫂子。

(2) 我们管很小的孩子叫宝宝。

(3) 我们管不是专业演员但唱戏水平很高的人叫票友。

（二）词语用法

1. 赶忙

副词。表示主观上加快行动。只用于陈述句，不用于祈使句和否定句，也不用于表示将来的句子。例如：

赶忙, adverb, means to speed up subjectively. It is only used in a declarative sentence, but not in an imperative sentence or a negative sentence, nor in future tense. For example:

(1) 听见有人喊我，我赶忙跑了出去。

(2) 见警察来了，这些卖假票的赶忙藏了起来。

(3) * 你赶忙去吧。

(4) * 明天，我得赶忙去银行取钱。

2. 般

助词。有“一样”、“似的”的意思，跟在名词或动词短语等后面，表示比喻。例如：

般, auxiliary word, means the same as.... It is used after nouns or verb phrases. For example:

金子般的心　　　　兄弟般的友情

彩蝶般花花绿绿的服装

五　操练与交际

(一) 朗读句子，注意重读加点的词语

1. **我**非常喜欢李先生的书法。
2. 我**非常**喜欢李先生的书法。
3. 我非常喜欢**李先生**的书法。
4. 我非常喜欢李先生的**书法**。

5. **哈尔滨**的冬天真是太迷人了。
6. 哈尔滨的**冬天**真是太迷人了。
7. 哈尔滨的冬天**真是**太迷人了。
8. 哈尔滨的冬天真是**太迷人**了。

(二) 熟读短语

通俗歌曲	蝴蝶般美丽	获奖	传统戏曲	有障碍
通俗音乐	星光般灿烂	获赠	地方戏曲	存在障碍
通俗作品	春天般温暖	获救	欣赏戏曲	清除障碍
通俗易懂	兄弟般的友谊	获冠军	戏曲表演	障碍很大

(三) 用本课的生词填空

1. 这是一个________俱乐部，喜欢京剧的人每天都在这里一起演唱、互相学习。
2. 这首古诗虽然短小，却________了丰富的内容。
3. 无论有什么问题，这位专家都耐心地给我们________。
4. 这些介绍京剧的文章__________易懂，可以给外国京剧爱好者看看。

5. 对于戏曲知识我一点儿也不懂，我应该________向专家们请教。
6. 你真________，这么难的字你都会写。
7. 您________了，我哪儿有那么高的水平。
8. 看到前面有一个人要过马路，司机________把车停了下来。
9. 我的对象是老韩介绍的，他是我们的________。
10. 你买的衣服怎么都这么鲜艳？________的。
11. 她表演的节目在全市的比赛中________奖了。
12. 这部法国电影没有汉语________，我一点儿也听不懂。
13. 我先学习汉语，扫除语言上的________，然后再学中医。
14. 老师教的太极拳的________你都掌握了吗？
15. 这篇文章的内容不够________，你再增加点儿吧。
16. 他爱好游泳、钓鱼、通俗歌曲等等，兴趣很________。
17. 他要学习京剧的愿望非常________。
18. 他________上没反对，可是心里却不太高兴。
19. 经过医生一夜的治疗，病人终于________了危险。
20. 为了保护环境，政府________消费者购物时尽量不用塑料袋。
21. 应________观众的要求，电视台重播了这部电视连续剧。

22. ________公司的领导之后，他比以前更忙了。

23. 持续干旱给这个地区的农业生产造成了很大的________。

24. 她还没找到稳定的工作，________在一家餐馆儿打工。

25. 退休以后，我给儿子看孩子、做饭，做一些________的家务事。

（四）根据要求组成短语

1. 通俗________（中心语）
2. 演唱________（宾语）
3. ________纳闷儿（状语）
4. 赶忙________（中心语）
5. ________障碍（动词）
6. 花花绿绿的________（中心语）
7. ________的动作（定语）
8. ________广泛（状语）
9. 观看________（宾语）
10. 无限的________（中心语）
11. ________可观（主语）
12. 获________（宾语）
13. 表扬________（宾语）
14. 副________（中心语）

（五）写出符合解释的词语

1. 业余的戏曲演员：________
2. 戏曲中人物脸上画的各种图案：________
3. 心里不理解：________
4. 形容颜色很多、很鲜艳：________
5. 给别人介绍对象的人：________
6. 影响前进的东西：________
7. 在艺术、体育等方面的好的技术和能力：________
8. 夸奖，称赞：________

(六) 替换练习

1

艺术家	艺术家
人才	人才
京剧票友	票友
对京剧有研究的人	研究

A：您是专家啊。

B：专家倒谈不上。

2

这里的环境越来越差

他唱得不怎么样

这家饭店的饭菜做得不错

他卖服装赚了不少钱

A：我听说现在中国许多年轻人都不太喜欢京剧。

B：的确如此。

3

会做韩国菜	做
昨天考完试了	考
自己会做衣服	做
小时候学过弹钢琴	弹

我差不多会唱了，可我唱得不怎么样。

4

明天下午听力要考试

今天的表演取消了

排球比赛两点半开始

李先生要来主持讲座

大卫跑来告诉爱米，今天下午校京剧团有一场演出。

(七) 用所给的词语改写句子

1. 不比

(1) 这个菜味道不好，那个菜味道跟这个差不多。

____

(2) 这个菜味道很好，那个菜味道跟这个差不多。

____

(3) 我的房间小，他的房间也很小。

____

(4) 我的房间大，他的房间也很大。

____

(5) 坐火车快，坐汽车也不慢。

____

2. 没有比……更……

(1) 这是世界上速度最快的电脑。

____

(2) 他是这家医院最好的医生。

____

(3) 李先生是最著名的京剧表演艺术家。

____

3. 比不上

(1) 秘书的水平很高，经理的水平不怎么样。

____

(2) 女演员的服装漂亮，男演员的服装不漂亮。

____

(3) 我的法语水平不如我的英语水平。

____

4. 管……叫……

(1) 在中国，给别人介绍对象的人被称为红娘。

____

(2) 人们称长寿的老人寿星。

____

(3) 大家给爱米起了一个名字叫“老外票友”。

____

(八) 模仿造句

1. 我知道的可能不比你多。

__________不比__________多。

2. 我第一次在中国看京剧，就被京剧的服装、脸谱和动人的音乐强烈地吸引住了。

我第一次__________，就被__________强烈地吸引住了。

3. 我觉得没有比京剧更美的艺术了。

我觉得没有比__________更__________的艺术了。

4. 失去了广大的观众，京剧必然会走向衰落。

失去了__________，__________必然__________。

5. 《四郎探母》我差不多会唱了，可我唱得不怎么样。

______我差不多______，可我______得不怎么样。

6. 在中国，我们管不是专业演员但唱戏水平很高的人叫票友。

在______，我们管______叫______。

7. 今天下午校京剧团有一场演出，是用外语演唱京剧。

今天______有______，是______。

8. 她在读大学前，从来没有接触过京剧，更没想过自己还会登台演唱。

她在______前，从来没有______，更没想过______。

（九）功能会话

1. 通知

（1）A：小张，你爱人刚才来电话，说他下午开会，不能陪你逛街了。

B：知道了，谢谢你。

（2）A：同学们，下午一点半礼堂有京剧演出，免费观看。

B：太好了。

2. 称赞

（1）A：你会打太极拳？真有两下子。

B：哪里哪里，您过奖了。

（2）A：你弟弟真有两下子，考上北京大学了。

B：是啊，我们全家都很高兴。

3. 否定性评价

(1)A：他的歌儿唱得怎么样？

B：不怎么样。

(2)A：听说他在京剧大赛上获了个二等奖。

B：其实他演得不怎么样。

(十一) 阅读

让外国人也能看懂京剧

近年来，来北京旅游的海外游客每年都在增长，加上长期或暂时驻京的各类外国人，数量十分可观。这些客人一般都会把观看中国传统节目表演作为重要的游览项目，京剧更是大多数客人必看的节目。

为了让老外也能看懂京剧，北京戏曲学校的演员们做了一个新的尝试。那就是在演员演唱的同时，加上英语或者其他语言的配音。外国观众欣赏京剧，最大的障碍就是语言，所以给外国朋友表演的剧目往往是武打或动作技巧比较多的，吸引观众靠的是漂亮的服装，精彩的武打和优美的唱腔，而剧情和更深的意义，对外国人来说就很难理解了。

京剧有了外语配音，就可以为外国朋友演出一些内容充实，故事精彩，深刻反映中国历史和文化的剧目，从而给那些喜爱中国文化但并不真正了解她的外国人提供极大的便利，使他们能够真正看懂京剧。这样，京剧的无限艺术魅力就会得到更广泛的认可，京剧才能走向世界。

这种方式受到老外们的欢迎。有位加拿大朋友看完戏后高兴地说，他是个京剧迷，在中国看过很多场演出，但有了英文配音之后，他才第一次完全看懂了热爱已久的京剧。一位美国朋友说："我们很多人都喜欢京剧，但以前只是被表面的美所吸引，现在则完全理解了剧情。"另一位澳大利亚朋友说："我们能很好地理解《白蛇传》这部戏，这个故事很有趣。它和我们所看到的西方戏剧完全不同。"

读后回答问题

1. 外国人来到中国，什么节目一定要看？
2. 老外在欣赏京剧时，最大的障碍是什么？
3. 怎么解决老外看京剧时遇到的问题？
4. 给京剧配音以后有什么好处？
5. 对于这种新的配音演出形式，老外们的态度怎么样？

（十二）交际

1. 自由表达

介绍你们国家的一种传统艺术形式。

2. 完成任务

打听一下什么地方有京剧演出，演什么剧目。先向朋友了解一下剧情，再买一张票去欣赏，回来后谈谈感受。

第8课 Lesson 8 伤心的球迷

一 课文

星期六早晨，孙明的朋友李大龙来找他，手里拿着两张球票，一进门就喊："孙明，报告你一个好消息，球票买到了。上次你说有事没陪我去，这次你非陪我去看不可。"

孙明说："瞧你，可真是地道的球迷啊。一听说有球赛就跟中了大奖似的。"

下午两点刚过，孙明和李大龙就来到了体育场的看台上。台阶上已经坐满了球迷，像过节似的热闹。三点整，随着裁判的一声哨响，比赛开始了。

比赛进行得相当激烈。上半场，市俱乐部队以一脚漂亮的远射，首先攻破了客队的大门，一比零。这个进球鼓舞了在场的主队球迷。场内的气氛顿时热烈起来，他们吹着喇叭，敲着鼓，为自己的球队加油。

孙明对李大龙说："看现在的形势，我们队准能赢。"

李大龙说："现在谁输谁赢还很难说，客队也挺厉害。"

下半场客队加强了进攻，二十分钟内就攻进了两个球，将比分反超。场内的气氛又紧张起来。

离比赛结束还剩五分钟了，李大龙有点儿失望："孙明，我们队没希望了，今天肯定要败给客队了。"

孙明说："别着急，说不定我们能踢平。"

比赛结束了，主队最终以一比二输给了客队。李大龙是俱乐部队的忠实球迷，这个结果真让他受不了，他简直伤透了心。他说："开始我们踢得不错，队员的精神面貌也可以，可是下半场个别球员没了积极性，踢得马马虎虎的。"

孙明说："算了，别难过了。以后有比赛咱们再来加油。有这么多热心球迷的支持，咱们队肯定会越踢越好的。"

李大龙说："实事求是地说，现在中国足球跟世界水平差距还很大。大家都有一个共同的心愿，就是希望中国足球能早日赶上去。我将来有了孩子，一定把他培养成世界级的球星，为中国足球‘走向世界’的目标而努力奋斗！”

他说完，两个人都笑了。

二 常用句

1. 现在谁输谁赢还很难说。
2. 我们队没希望了。
3. 这个结果真让他受不了。
4. 他简直伤透了心。

三 生词

1. 伤心	shāng xīn		sad
2. 球迷	qiúmí	（名）	fan; ball game buff
3. 报告	bàogào	（动、名）	report
4. 非……不可	fēi……bù kě		must
5. 球赛	qiúsài	（名）	ball game; match
6. 大奖	dàjiǎng	（名）	big award
7. 体育场	tǐyùchǎng	（名）	sports field; sport ground

8. 看台	kàntái	（名）	bleachers; stand
9. 台阶	táijiē	（名）	step
10. 节	jié	（名）	festival; holiday
11. 整	zhěng	（形）	sharp
12. 裁判	cáipàn	（动、名）	judge; judger
13. 哨	shào	（名）	chirp; whistle
14. 上半场	shàngbànchǎng	（名）	first half
15. 以	yǐ	（介、连）	with
16. 射	shè	（动）	shoot; send out
17. 攻	gōng	（动）	assault; attack
18. 破	pò	（动、形）	broken; damaged
19. 客队	kèduì	（名）	visiting team
20. 零	líng	（数）	zero
21. 鼓舞	gǔwǔ	（动、形）	embrave; inspire
22. 在场	zàichǎng	（动）	be on the scene
23. 主队	zhǔduì	（名）	host team
24. 顿时	dùnshí	（副）	immediately; at once
25. 喇叭	lǎba	（名）	horn; trumpet
26. 鼓	gǔ	（名）	drum
27. 球队	qiúduì	（名）	(ball-game) team
28. 形势	xíngshì	（名）	situation
29. 加强	jiāqiáng	（动）	strengthen; enhance
30. 进攻	jìngōng	（动）	close in and attack; assault

31. 比分	bǐfēn	（名）	score
32. 反超	fǎnchāo	（动）	exceed; overtake
33. 败	bài	（动）	defeat; fail
34. 说不定	shuōbudìng		perhaps; maybe
35. 平	píng	（形）	be on the same level
36. 忠实	zhōngshí	（形）	faithful and trustworthy
37. 个别	gèbié	（形）	very few
38. 球员	qiúyuán	（名）	ball-team member
39. 马马虎虎	mǎmahūhū	（形）	careless
40. 实事求是	shí shì qiú shì		be practical and realistic
41. 差距	chājù	（名）	disparity; gap
42. 心愿	xīnyuàn	（名）	wish; dream
43. 早日	zǎorì	（副）	at an early date; early
44. 球星	qiúxīng	（名）	football star
45. 寂静	jìjìng	（形）	quiet; still; silent
46. 兴高采烈	xìng gāo cǎi liè		in high spirits
47. 一言不发	yì yán bù fā		not say a word
48. 沉默	chénmò	（形、动）	quiet
49. 铁杆儿	tiěgǎnr	（形）	die-hard
50. 后代	hòudài	（名）	descendant
51. 全力	quánlì	（名）	all one's strength
52. 角落	jiǎoluò	（名）	corner

53. 情绪	qíngxù	（名）	emotions
54. 接连	jiēlián	（副）	in a row; in succession
55. 对手	duìshǒu	（名）	opponent; adversary
56. 整体	zhěngtǐ	（名）	whole; entirety
57. 默默	mòmò	（副）	quiet
58. 劣势	lièshì	（名）	inferior strength or position
59. 呐喊	nàhǎn	（动）	shout; cry out
60. 哑	yǎ	（形）	dumb
61. 鲜明	xiānmíng	（形）	bright (of color)
62. 对比	duìbǐ	（动）	compare; contrast
63. 图	tú	（动）	plan; attempt
64. 无奈	wúnài	（动、连）	be helpless
65. 赛场	sàichǎng	（名）	field of competition
66. 球衣	qiúyī	（名）	sportswear
67. 威胁	wēixié	（动）	threaten
68. 终场	zhōngchǎng	（动）	end (of a performance, show or game)

专　名

李大龙	Lǐ Dàlóng	name of a person
沈阳	Shěnyáng	Shenyang (capital of Liaoning province)

四 语言点

（一）基本句

1. 存现句　Existencial sentence

表示出现或消失，基本句式为：地点 / 时间 + 动词 +（着、了、过）+ 数量 + 名词。例如：

Existencial sentence denotes appearance or disappearance and its basic sentence pattern is: location / time + V. +（着、了、过）+number+N. For example:

（1）体育场里来了好多人。

（2）公司走了两个业务员。

（3）昨天刚到了一批货。

2. 非……不可

表示"一定"的意思。例如：

非……不可 means must. For example:

（1）你非陪我去看不可。

（2）这件事非你去办不可。

（3）早上不吃饭，一会儿非饿不可。

3. 为……而……

表示为了某种目的去做什么。例如：

为……而…… is used to denote to do something with a purpose. For example:

（1）为中国足球"走向世界"的目标而奋斗。

（2）他为自己热爱的事业而努力。

（3）让我们为友谊而干杯。

（二）词语用法

1. 个别

形容词。常作定语、状语。例如：

个别, adjective, is usually used as attribute or adverbial. For example:

个别人　　个别学生　　个别现象　　个别的几个人

（1）这种现象不是个别的。

（2）我想跟她个别谈谈。

2. 早日

副词。表示希望某件事或某种情况提前实现。例如：

早日, adverb, is used to wish something or some event would be implemented in advance. For example:

（1）祝你早日成功。

（2）希望孩子早日成为有用的人才。

五　操练与交际

（一）朗读句子，注意重读加点的词语

1. 我有时去图书馆看书，有时去公园看书。
2. 不管是东方人还是西方人，都爱吃中国菜。
3. 草原上开满了野花，红的，白的，紫的，好看极了。
4. 白天，体育场上热闹极了，到了夜晚，这里是一片寂静。
5. 谁能说清楚是谁对谁错呢？

（二）熟读短语

球赛	三点整	加强攻势	差距很大	兴高采烈
足球赛	两天整	加强进攻	差距不大	一言不发
篮球赛	十年整	加强管理	三分的差距	实事求是
羽毛球赛	整三个小时	逐步加强	没有差距	沉默不语

（三）用本课的生词填空

1. 我昨天看了一场________，真精彩。
2. 北京队有比赛他准看，他是北京队的________球迷。
3. 考试九点________开始，你千万不要迟到。
4. 这件衣服已经________了，不能再穿了。
5. 一阵风吹过来，我________觉得凉快了许多。
6. 他每天都看新闻，了解国际经济的发展________。
7. 为了我们的子孙后代，我们应该________环境保护。
8. 说好了给孩子买礼物，可是一直没有买，孩子非常________。
9. 客人________什么时候来，我们要时刻准备着。
10. 这场足球赛两个队 2∶2 踢________了。
11. 据说，狗是人类最________的朋友。
12. 你代表我们班参加比赛，我们会________支持你的。
13. 他有一个________，那就是要登上中国的万里长城。
14. 好好休息，祝你________恢复健康。
16. 在房间的________里摆着一张桌子和一把椅子。
17. 夜里，校园里一片________。
18. 输了球以后，队员们都没有精神，________不太好。
19. 我的汉语水平和你相比，还有很大________。

20. 孩子们得到了礼物，全都__________的。

21. 球迷们觉得今天的裁判裁得不认真，________。

22. 从周五开始，________下了三天雨，我们哪儿也不能去。

23. 我真不愿意看到这样的结果，我们队又败给了________。

24. 进了一个球之后，队员们受到了_______，下半场比赛越踢越好。

（四）根据要求组成短语

1. ________的球迷（定语）

2. ________寂静（状语）

3. ________形势（主语）

4. 个别________（中心语）

5. 忠实的________（中心语）

6. 整体________（中心语）

7. ________心愿（定语）

8. 早日________（中心语）

9. 默默________（中心语）

10. 差距________（谓语）

（五）写出符合解释的词语

1. 特别喜欢打球或看球赛的人：__________

2. 在体育比赛中进行评判的人：__________

3. 来参加比赛的外地球队：__________

4. 立刻、马上：__________

5. 比赛中双方用来比较的成绩：__________

6. 愿望、理想：__________

7. 非常安静：__________

8. 因为有不幸的事情，心里很痛：__________

9. 情况或条件比较差的形势：__________

(六) 替换练习

1

他来不来
事情能不能办成
对手的水平怎么样
修完之后好不好用

现在谁输谁赢还很难说。

2

孩子们有些
他没来我们非常
没去成西安真的很
妈妈显得特别

李大龙有点儿失望。

3

考大学
去欧洲旅行
到这家公司工作
你要当老板

我们队没希望了。

4

考试的结果
你的态度
这里的天气
工作的压力
孩子的吵闹

这个结果真让他受不了。

（七）连词成句

1. 上　西瓜　放　着　一个　桌子　大

____

2. 客人　来　了　我们　家　几　位　昨天

____

3. 有　诗人　一位　唐朝　叫　李白

____

4. 你　误会　这么　让　人　说　非　不可

____

5. 地图　没　带　非　迷路　不可　他们

____

6. 成功　都　你　的　为　大家　高兴　而

____

7. 我们　自己　在　都　为　奋斗　的　未来　而　努力

____

（八）用括号中的词语完成句子

1. 他如果知道你在骗他，____________________。（非……不可）

2. 我们队______________________________赢了他们队。（以）

3. 球进了，______________________________。（顿时）

4. 你去北京吧，____________________________。（说不定）

5. 我盼望______________________________。（早日）

6. 最近一个月，____________________________。（接连）

7. A：你看，有的人上公共汽车不排队。

　B：______________________。（个别）

（九）模仿造句

1. 报告你一个好消息，球票买到了。

   报告你一个好消息，________。

2. 上次你说有事没陪我去，这次你非陪我去看不可。

   上次你________，这次你非________不可。

3. 一听说有球赛就跟中了大奖似的。

   一听说________就跟________似的。

4. 三点整，随着裁判的一声哨响，比赛开始了。

   ________整，随着________，________开始了。

5. 我们队没希望了，今天肯定要败给客队了。

   ________没希望了，________肯定________了。

6. 李大龙是俱乐部队的忠实球迷，这个结果真让他受不了。

   ________是________，________真让________受不了。

7. 算了，别难过了。以后有比赛咱们再来加油。

   算了，别难过了。以后________。

8. 大家都有一个共同的心愿，就是希望中国足球能早日赶上去。

   大家都有一个共同的心愿，就是________。

（十）功能会话

1. 没把握

   （1）A：你觉得今天主队能赢吗？

   B：难说。

(2) A：是不是大学毕业就能找到工作？

B：这个很难说。

2. 失望

(1) A：你儿子升学考试考得怎么样？

B：没希望了。

(2) A：生意没谈成，我很失望。

B：以后还有机会。

3. 伤心

(1) A：父母对这个孩子真是伤透了心。

B：是啊，他让父母很失望。

(2) A：女朋友跟他分手了，他伤心极了。

B：是啊，我看他有点儿受不了了。

4. 评价

(1) A：你儿子这次考试考得怎么样？

B：马马虎虎吧。

(2) A：你歌儿唱得不错呀。

B：马马虎虎。

(十一) 阅读

中国球迷为中国足球呐喊

比赛结束了，伤心的气氛充满了整个体育场。两万多中国球迷的嗓子喊哑了，鼓敲破了，但是，他们等到的却是中国队以零比二输给了对手。和比赛中热烈的场面形成鲜明的对比，球迷们默默地坐在看台上，一言不发。许多人痛苦地流泪，处于失望的情绪中。

“其实来了就行了。”“我们不图别的，只要世界看到中国足球队，看到中国球迷就行了。”一位天津球迷赛后伤心而无奈地说。

刚才的赛场，中国球迷身穿红白两种颜色的球衣，几乎坐满了看台的每一个角落。比赛过程中，球迷们心中充满着进球的强烈愿望，“加油”、“进一个”的呐喊声一直没停止过。上半场将要结束时，中国队两次很有威胁的射门，让球迷们激动得全都站了起来。然而，在下半场，对手在不到5分钟内接连进了两个球，全场一片寂静。只有那些“铁杆儿”球迷还是站着呐喊、加油，直到终场。

赛后，来时兴高采烈的球迷们大都选择了沉默。他们平静地接受了比赛的结果，因为事实很清楚，中国队与对手确实存在很大的差距。一个沈阳球迷说：“目前中国队在世界上还处于劣势，想在整体上提高技术水平还有很长的一段路要走。不过即使中国队一场不赢，我们也照样全力支持他们。”应该说，中国球迷是世界上一流的球迷，但中国球队的表现却实在无法令人满意。

中国足球，什么时候能让中国球迷不伤心？

读后回答问题

1. 那位天津球迷说话的语气怎么样？
2. 球迷们在赛场上的表现怎么样？
3. 球迷们在赛后的表现怎么样？
4. 短文中“还有很长的一段路要走”的意思是什么？
5. 作者对中国足球和中国球迷是什么态度？

（十二）交际

1. 自由表达

（1）说一说你喜欢什么体育运动。

（2）你对球迷的看法是什么？

2. 完成任务

去看一场体育比赛，或者跟朋友进行一场体育比赛。赛后在班里交流一下。

怎样说和怎样做

第9课 Lesson 9

一 课文

（一）

张云：大卫，你急急忙忙地去哪里呀？

大卫：哦，是张老师啊！有个中国朋友今天过生日，我买了一个小闹钟给他送去。

张云：送钟？这可不行！

大卫：为什么？

张云：因为在汉语里，送钟和表示死的“送终”发音一样，所以送礼的时候千万不能送钟。

大卫：是吗？我在商店里挑来挑去，觉得这个也不好，那个也不合适，好不容易才选了这个小闹钟，没想到……

张云：怪你不了解中国人的风俗习惯，下次注意就行了。

大卫：那您说我送点儿什么礼物好呢？

张云：你可以送一瓶好酒，也可以按照你们西方人的习惯送礼物，比方说送花儿啊、巧克力什么的。

大卫：那我听您的。

（二）

中国古代，人们在写字时，如果遇到本朝的皇帝或者自己的长辈名字里的字，往往要避开或用其他字来代替，以表示尊重。

这种制度起源于周代。到了宋代，不仅是皇帝的名字，就是皇后的名字也不准随便用。写文章时，常常是这样写也不对，那样写也不行，叫人不知道怎么办才好。至于考试时，更要懂得这些规矩，且万万不可违反，万一违反了，就会失去入选的机会。

这种情况如今早已成为历史了，然而在中国人的日常生活中，仍然存在着一些需要注意的地方。比方说吃饭时不准用筷子敲碗，因为只有要饭的人才敲空碗。亲人去世不能说“死”，要说“走了”、“老了”或者“不在了”等等。过年期间不能说“碎”、“破”这样的词儿，因为这表示新的一年里可能破产。所以，不小心打碎了东西，得赶快说声“岁（碎）岁平安”，把意思转到好的方面来。至于各个少数民族的风俗习惯中，需要注意的地方就更多了。例如蒙古族居住的蒙古包的西炕只能长辈坐，晚辈以及外来人是禁止坐的。回族人信仰伊斯兰教，忌食猪肉等等。

总的来看，在中国人的风俗习惯中，不能说的话和不能做的事情多种多样。与人交往时如果不了解这些，不但收不到好的效果，反而会引起对方的不满。

二 常用句

1. 这可不行！
2. 下次注意就行了。
3. 这也不行，那也不行。

三 生词

1. 闹钟	nàozhōng	（名）	alarm clock
2. 送终	sòng zhōng		bury a relative
3. 比方	bǐfang	（动、名）	for example
4. 巧克力	qiǎokèlì	（名）	chocolate
5. 避	bì	（动）	avoid
6. 代替	dàitì	（动）	take the place of
7. 尊重	zūnzhòng	（动）	respect
8. 制度	zhìdù	（名）	system
9. 起源	qǐyuán	（动、名）	originate; stem from
10. 皇后	huánghòu	（名）	empress
11. 至于	zhìyú	（介、动）	as far as
12. 懂得	dǒngde	（动）	know
13. 规矩	guīju	（名、形）	rule; propriety
14. 且	qiě	（连）	even; just
15. 万万	wànwàn	（副）	absolutely
16. 违反	wéifǎn	（动）	violate (rules, regulations, etc.)
17. 万一	wànyī	（连）	in case
18. 入选	rùxuǎn	（动）	be selected
19. 早已	zǎoyǐ	（副）	long ago; for a long time
20. 要饭	yào fàn		beg for food or money

21. 去世	qùshì	（动）	die; pass away
22. 碎	suì	（动、形）	break into pieces
23. 词儿	cír	（名）	words in speech
24. 各个	gègè	（代）	each; every
25. 少数民族	shǎoshù mínzú		ethnic minority; minority Nationality
26. 炕	kàng	（名）	brick bed warmed by fire underneath
27. 外来	wàilái	（形）	external; foreign; outside
28. 禁止	jìnzhǐ	（动）	prohibit; forbid
29. 信仰	xìnyǎng	（名、动）	faith; firm belief
30. 忌	jì	（动）	be prohibitted
31. 猪肉	zhūròu	（名）	pork
32. 总的来看	zǒng de lái kàn		insum
33. 不满	bùmǎn	（形）	dissatisfied
34. 紫色	zǐsè	（名）	purple
35. 每	měi	（副）	every
36. 春联	chūnlián	（名）	Spring Festivel couplets
37. 对联	duìlián	（名）	antithetical couplet
38. 鞭炮	biānpào	（名）	firecrackers
39. 红火	hónghuo	（形）	prosperous; flourishing
40. 玻璃	bōli	（名）	glass

41. 贬义	biǎnyì	（名）	derogatory sense
42. 色彩	sècǎi	（名）	color
43. 新房	xīnfáng	（名）	bridal chamber
44. 被子	bèizi	（名）	quilt
45. 事先	shìxiān	（名）	in advance; beforehand
46. 悲伤	bēishāng	（形）	sad; sorrowful
47. 吉祥	jíxiáng	（形）	lucky
48. 如意	rúyì	（动）	be satisfied; as one wishes
49. 礼金	lǐjīn	（名）	money as gift
50. 自杀	zìshā	（动）	suicide
51. 大体	dàtǐ	（名、副）	generally; on the whole; in the main
52. 宗教	zōngjiào	（名）	religion
53. 绸子	chóuzi	（名）	silk fabric
54. 剪彩	jiǎn cǎi		cut a ribbon
55. 红人	hóngrén	（名）	a favourite by sb. in power
56. 高贵	gāoguì	（形）	noble
57. 皇家	huángjiā	（名）	imperial family or house
58. 专用	zhuānyòng	（动）	use for special purpose
59. 描写	miáoxiě	（动）	depict
60. 词语	cíyǔ	（名）	words and expressions
61. 庄重	zhuāngzhòng	（形）	serious

62. 严肃	yánsù	（形）	stern; serious
63. 通道	tōngdào	（名）	passageway

专名

1. 周代	Zhōudài	Zhou dynasty
2. 宋代	Sòngdài	Song dynasty
3. 蒙古族	Měnggǔzú	Mongol ethnic minority
4. 蒙古包	Měnggǔbāo	Mongolia house
5. 回族	Huízú	Hui ethnic minority
6. 伊斯兰教	Yīsīlánjiào	Islam; Islamism
7. 元旦	Yuándàn	New Year's Day

四 语言点

（一）基本句

1. 这 / 那也不……，那 / 这也不……

表示“任何情况都不……”。例如：

这 / 那也不……，那 / 这也不…… means no in any case. For example:

(1) 这个也不好，那个也不行，干脆别买了。

(2) 这么写也不对，那么写也不对，到底怎么写才对呢？

(3) 这样说也不听，那样说也不听，一点儿办法也没有。

2. 就是……也……

表示假设、让步的关系，"就是"相当于"即使"，常用于口语。例如：

就是……也……is used to indicate hypothesis or concession. 就是 means almost the same with 即使 and is usually used in oral Chinese. For example:

(1) 就是皇后的名字也不准随便用。

(2) 你就是说错了，老师也不会批评你的。

(3) 就是专家，也回答不了这个问题。

二、词语用法

1. 至于

作介词。表示提起与上文相关的另一个话题，后面对这个话题加以陈述、说明。例如：

至于, preposition, means as far as..., it is concerned to start a topic and the following part is to develop the topic. For example:

(1) 公司要派一个人出差，至于派谁去，我可不知道。

(2) 你安心工作吧，至于家里的事，不用你操心。

作动词。表示情况发展到某种程度。多是人们不希望的，多用否定形式或用于反问句。例如：

至于, verb, is used to denote the situation develops to a certain degree which is often not desired and is usually used in a negative sentence or a rhetorical question. For example:

(1) 我想他不至于连这个风俗都不懂。

(2) 考试题至于那么难吗？

2. 万万

副词。用在否定形式前面，表示绝对、无论如何等义，语气很强。例如：

万万, adverb, is used before negative form, means absolutely and in any case. For example:

（1）他万万没想到，这次考试得了全班第一。

（2）对孩子的教育万万不可忽视。

五 操练与交际

（一）朗读句子，注意重读加点的词语

1. 什么东西永远不会回来？时间永远不会回来。
2. 黄色、灰色、紫色，这些颜色在傍晚的天空中都能找到。
3. 云南一年四季都像春天一样。
4. 老鼠刚从洞里露出头，猫就扑了过去。
5. 这座山下有一个小村子，村子里有一家酒店，酒店的老板姓郑。

（二）熟读短语

违反规定	各个省	外来人口	禁止吸烟	每逢春节
违反法律	各个地区	外来民族	禁止谈话	每逢元旦
违反规矩	各个朝代	外来劳力	禁止拍照	每逢放假
违反交通规则	各个民族	外来打工者	无法禁止	每逢周末

（三）用本课的生词填空

1. 你要出去旅游的话，应该________开旅游的高峰期。
2. 老王要退休了，老板已经找到了合适的人________他。
3. 汉字________于图画文字。

4. 这是本公司的规定，谁也不能________。

5. 你得早点儿订票，________买不到票就去不成了。

6. 这次作文比赛，我们班有三名同学的作文________了最后的比赛。

7. 很难懂的道理，你打个________，大家就会明白了。

8. 这个市现在有 80 万人口，其中 50%是从别的地方来的________人口。

9. 我们应该尊重其他少数民族的________和习惯。

10. 他表现出了对这种工作安排的________。

11. 我的英语虽然不太好，但是他的意思我________听明白了。

12. 我们的老板比较________我们的意见。

13. ________没想到，这里的气温下降得这么快。

14. ________逢春节，家家户户的大门外都要贴上________，孩子们还要放________。

15. 祝你们生意越来越________。

16. 是谁把我的玻璃杯子打________了？

17. 博物馆里________拍照，参观的人都应该遵守规定。

18. “浪费”这个词儿具有贬义________。

19. 这对新人的________布置得既大方又时尚。

20. 晚上很冷，你睡觉的时候要盖好________。

21. 你要去拜访那位作家的话，应该________跟他打个招呼。

（四）组成短语

1. 违反________（宾语）　2. 早已________（中心语）

3. 各个________（中心语）　4. 外来________（中心语）

5. 禁止________（宾语）　6. 信仰________（宾语）

7. 色彩________（谓语）　　8. ________悲伤（状语）

9. 每逢________（宾语）　　10. ________鞭炮（动词）

（五）写出符合解释的词语

1. 能够在规定的时间发出铃声的钟：____________
2. 用别的人或别的东西换：____________
3. 皇帝的妻子：____________
4. 颜色：____________
5. 在事情发生前：____________
6. 结婚用的房子：____________
7. 向别人讨要钱物或吃的东西：____________
8. 死了：____________
9. 幸运，吉利：____________
10. 作为礼物的现金：____________

（六）替换练习

1

送钟？这可不行！

请假
自杀
告诉她
一个人去海边

2

不了解少数民族的习惯
不知道西方人的习惯
没听懂我的要求
没注意墙上贴的通知

怪你不了解中国人的风俗习惯，下次注意就行了。

3

买	东西
给	纪念品
带	饮料
说	话
写	内容

您说我送点儿什么礼物好呢？

(七) 用所给的词语改写句子

1. 这／那也不……，那／这也不……

(1) 这个菜不好吃，那个菜没味道。

____

(2) 他们不赞成打球，也不同意去滑雪。

____

(3) 我这几天躺着不舒服，坐着也不舒服。

____

(4) 我怎么说，他们都不信。

____

2. 就是……也……

(1) 你说错了没关系，没有人笑话你。

____

(2) 如果他有时间，也不能去帮你。

____

(3) 他虽然生病了，也坚持上课。

____

(4) 即使你都会了，也不能骄傲。

____

3. 至于

（1）我知道下个星期要考试，可我不太清楚考试内容。

____

（2）我们要去旅行，什么时候出发，要问一下老师。

____

（3）你努力学习考大学，不用担心学费。

____

（八）模仿造句

1. 送钟？这可不行！

________？这可不行！

2. 我在商店里挑来挑去，觉得这个也不好，那个也不行。

我______来______去，觉得这个也______，那个也______。

3. 怪你不了解中国人的风俗习惯，下次注意就行了。

怪你________________，下次注意就行了。

4. 你可以送一瓶好酒，也可以按照你们西方人的习惯送礼物，比方说送花儿啊、巧克力什么的。

你可以________，也可以__________，比方说__________。

5. 到了宋代，不仅是皇帝的名字，就是皇后的名字也不准随便用。

到了________，不仅__________，就是______也______。

6. 万万不可违反，万一违反了，就会失去入选的机会。

万万不可________，万一________了，就会__________。

7. 这种情况如今早已成为历史了。

______如今早已______。

8. 总的来看，在中国人的风俗习惯中，不能说的话和不能做的事情多种多样。

总的来看，______，______多种多样。

9. 与人交往时如果不了解这些，不但收不到好的效果，反而会引起别人的不满。

______时如果______，不但______，反而______。

（十）功能会话

1. 原谅

（1）A：对不起，我把你的杯子打碎了。

B：没关系，下次注意就行了。

（2）A：这次我原谅你，下次你可要注意。

B：我下次一定注意。

2. 制止

（1）A：先生，对不起，这里禁止拍照。

B：知道了。

（2）A：你怎么喝这么多酒啊，这可不行。

B：没关系。

3. 概括

（1）A：总的来说，这个小区的环境不错。

B：嗯，是不错。

(2) A：总的来看，各个民族的风俗都不太一样。

B：是啊，每个民族都有自己的习惯。

4. 说明

(1) A：中国有很多历史名城，比方说西安、南京、北京等等。

B：嗯，这些地方的历史都很悠久，文化也很繁荣。

(2) A：什么叫“贬义”？

B：“贬义”就是词本身含有批评的意思，比方说：“懒”、“笨”、“小气”什么的，这些词都有贬义色彩。

(十一) 阅读

色彩与文化

人们对自然色彩的认识虽然大体相同，但是这些色彩与一个民族的文化、价值观念、宗教信仰结合起来以后，就产生了不同的文化含义。一种颜色在一个国家代表喜庆，可能在另外一个国家就代表着悲伤。在与不同国家的人交往时，应该事先了解这些不同。

比方说，白色在西方文化中是新下的雪和新鲜牛奶的颜色，代表着纯洁，所以结婚时新娘要穿白色的婚纱。而中国人在为死去的人举行仪式时，却会穿白色的衣服，戴白色的帽子。

西方人不喜欢红色，认为那是火和血的颜色。而红色却是中国人最喜欢的，认为它代表着吉祥、如意。每逢喜庆的日子，我们都可以看见红色。春节时，中国人喜欢贴春联，春联是用红纸写的。新公司开业，也要用红纸写对联，用红绸子剪彩，放红纸包的鞭炮。至于结婚的时候，就更不用说了，新娘从里到外都要穿红色的衣服，新房到处都是红色：红喜字、红被子等。就连客人送的礼金，也要用红纸包着，万万不可用其他颜色的纸。

此外，汉语的“红”字还有着特殊的含义，比如“他红起来了”，“大红人”，“生意红火”等等。

黄色和紫色在中国都是代表高贵的颜色。古代，皇帝穿的衣服一般是黄色，黄色基本上成了皇家专用的颜色。人们在描写高贵的人的时候，常常说他们穿着黄色或紫色的衣服。在汉语里还有“大红大紫”、“红得发紫”这样的词语。

黑色代表着庄重，在比较严肃的场合，人们穿黑色的衣服。不过在中国，黑色常包含不好的意思。如：“他的心很黑”，“黑市”等等。绿色是大自然的颜色，代表生命，于是有“绿色食品”、“绿色组织”、“绿色通道”等。但也有带“绿”字的词语包含贬义色彩。例如“他的脸都绿了”是说脸色不正常、不健康。

读后回答问题

1. 在中国，红色表示什么意思？
2. 你要送给新娘一件礼物，最好用什么颜色的包装纸？
3. 猜一猜“这位歌星最近很红”是什么意思？
4. 表示尊贵的颜色有什么？
5. “他气得脸都绿了”是什么意思？
6. “绿色食品”的意思是什么？
7. 在你们国家，红、黄、绿、黑有什么特别的含义？跟中国的有什么不同？

(十二) 交际

1. 自由表达

说一说自己的国家或民族有什么禁忌（jìnjì）。

2. 完成任务

向中国人了解一种汉族或其他民族的禁忌，在班里介绍一下。

第10课 Lesson 10

求　职

一　课　文

（一）

（玛丽亚来到一家画廊面试，见到了人事部的赵部长）

赵部长：玛丽亚小姐，你的外语水平怎么样？

玛丽亚：我的母语是俄语，在国内学了英语和汉语，英语很熟练，来到中国后我的汉语水平也大大提高了。我爷爷是意大利人，所以我还会说一点儿意大利语。

赵部长：嗯，我想以你的外语水平，完全可以去一家国际大公司，何必到我们这样的小公司来应聘呢？能不能请你谈谈原因？

玛丽亚：我是学美术专业的，对欧洲艺术有些研究，这两年对中国书画也有所了解。贵公司既经营中国书画，也兼营西方工艺品，这正可以发挥我的长处，我的外语也一定会大有用处的。

赵部长：我承认，你的外语和专业都很不错，可是我对你怎么跟中国员工相处有点儿担心。

玛丽亚：这一点请您放心。我从小就梦想着能插上翅膀飞到中国。来到中国以后，我开始钻研汉语和中国文化。我和中国老师、同学相处得非常好，跟他们结下了深厚的友谊。在以后的工作中，假如出了什么问题，你可以扣我的工资，或者处分我，甚至炒我的鱿鱼。

赵部长：玛丽亚小姐，我对你很满意，你被录用了。下周一请到人事部来报到，还要签订一份劳动合同，经过一个月的短期培训以后，你就可以开始工作了。我相信你不会让我失望的。

（二）

求职信

敬爱的负责人：

您好!

我是外国语大学英语系的应届毕业生，今年7月毕业。

得知贵公司需要一名导游兼翻译，我觉得自己非常适合这份工作。

我的专业是英语，第二外语是日语，都达到了熟练的程度。在大学期间，我也参加了一些社会实践活动，尤其是在给外国人做导游方面已经有了一些经验。

我爱好文学和体育，性格开朗，善于协调人际关系。相信凭我的能力和热情完全能够做好这份工作。

假如您给我一次面试的机会，我决不会让您失望的。

我的通讯地址是：本市桂林路92号1123信箱。邮政编码：200056。电话：13352208756。

顺祝

事业发达，身体健康！

李小兰

5月23日

二 常用句

1. 能不能请你谈谈原因？
2. 我对你怎么跟中国员工相处有点儿担心。
3. 这一点请您放心。
4. 我相信你不会让我失望的。

三 生词

1. 画廊	huàláng	（名）	gallery
2. 人事部	rénshìbù	（名）	ministry of personnel
3. 部长	bùzhǎng	（名）	minster
4. 何必	hébì	（副）	there is no need; why
5. 书画	shūhuà	（名）	painting and calligraphy
6. 兼	jiān	（动）	hold two or more concurrently
7. 工艺品	gōngyìpǐn	（名）	arts and crafts
8. 长处	chángchù	（名）	good qualities
9. 用处	yòngchu	（名）	use; good
10. 承认	chéngrèn	（动）	admit
11. 翅膀	chìbǎng	（名）	wing
12. 钻研	zuānyán	（动）	dig into
13. 结	jié	（动）	produce; ties
14. 深厚	shēnhòu	（形）	profound; deep
15. 假如	jiǎrú	（连）	if; supposing
16. 扣	kòu	（动）	deduct
17. 处分	chǔfèn	（动、名）	punish
18. 炒鱿鱼	chǎo yóuyú		fire
19. 录用	lùyòng	（动）	employ; take sb. on the staff
20. 报到	bàodào	（动）	register

21. 签订	qiāndìng	（动）	sign
22. 短期	duǎnqī	（名）	short term
23. 培训	péixùn	（动）	train (technicians, specialists, etc.)
24. 敬爱	jìng'ài	（动）	respect and love
25 负责人	fùzérén	（名）	person in charge
26. 应届	yīngjiè	（形）	current; this year's
27. 毕业生	bìyèshēng	（名）	graduate (of a school)
28. 得知	dézhī	（动）	know; learn of
29. 程度	chéngdù	（名）	extant; level; standard
30. 善于	shànyú	（动）	be good at
31. 协调	xiétiáo	（动）	coordinate; concert
32. 人际	rénjì	（形）	human relations
33. 通讯	tōngxùn	（动）	communication
34. 信箱	xìnxiāng	（名）	post box
35. 邮政编码	yóuzhèng biānmǎ		postcode; zip code
36. 学历	xuélì	（名）	record of formal schooling
37. 硕士	shuòshì	（名）	Master
38. 自私	zìsī	（形）	selfish
39. 耐烦	nàifán	（形）	patient
40. 诚实	chéngshí	（形）	honest
41. 信心	xìnxīn	（名）	confidence
42. 谈判	tánpàn	（动）	negotiate

43. 朴素	pǔsù	（形）	austerity; simple; plain
44. 脾气	píqi	（名）	temper
45. 胡乱	húluàn	（副）	carelessly; rashly
46. 尖锐	jiānruì	（形）	sharp
47. 合理	hélǐ	（形）	in reason
48. 漏	lòu	（动）	leak; leave out
49. 一一	yīyī	（副）	one by one
50. 主观	zhǔguān	（形）	subjective
51. 此时	cǐshí	（名）	at the time
52. 神情	shénqíng	（名）	expression
53. 跨	kuà	（动）	step
54. 得体	détǐ	（形）	appropriate (of words or behaviour)
55. 考官	kǎoguān	（名）	examination officer
56. 秀丽	xiùlì	（形）	beautiful; pretty
57. 脑袋	nǎodai	（名）	head
58. 恨	hèn	（动）	hate
59. 开头	kāitóu	（名、动）	beginning; begin, start

专　名

1. 俄语	Éyǔ	Russian (language)
2. 意大利人	Yìdàlìrén	Italian
3. 意大利语	Yìdàlìyǔ	Italian (language)

四 语言点

词语用法

1. 何必

副词。用反问的语气表示不必要。例如：

何必, adverb, is used in a rhetorical question to denote that it is not necessary for somebody to do something. For example:

（1）何必等明天，今天就出发吧。

（2）打个电话就行了，何必亲自跑一趟呢？

2. 假如

连词。用于假设复句，前一分句指出假设的情况，后一分句说明由此推出的结果。例如：

假如，conjunction, is used in complex sentence of hypothesis in which the antecedent of a conditional statement is stated in the previous clause and the consequence is stated in the latter clause. For example:

（1）假如您给我一次面试的机会，我决不会让您失望的。

（2）假如早点儿通知，大家就不会这么紧张了。

（3）假如你在这儿学六个月，你的汉语水平就会大大提高。

五 操练与交际

（一）朗读句子，注意重读加点的词语

1. 哈尔滨的冰灯确实迷人。

2. 那里的景色简直就是一幅山水画儿。

3. 没想到在这个小城里,竟有这样一条迷人的街道。

4. 我现在唯一的愿望就是回老家看看。

5. 真是太感谢你了。

6. 学习外语,第一重要的是多听多说。

(二) 熟读短语

中国书画	深厚的感情	扣钱	善于交际	本科学历
经营书画	深厚的友谊	扣分	善于协调	硕士学历
收集书画	十分深厚	扣工资	善于言语	博士学历
书画作品	更加深厚	扣车	善于表达	讲究学历

(三) 用本课的生词填空

1. 这件宋朝时期的________作品价值很高。

2. 老板告诉她明天不用来上班了,这意味着她被老板________了。

3. ________商店正在优惠出售各类服装,她马上就去了。

4. 这个问题,工程师们________了十多年才解决。

5. 这两个国家早在50年代就________成了友好国家。

6. 作为管理人员就应该________协调公司员工之间的人际关系。

7. 请把你的________地址给我写下来,我以后给你写信。

8. 这人太________了,什么事都只想着自己。

9. 你对孩子总是那么不________,你应该耐心一点儿。

10. 一个________的人从来不说假话。

11. 这场比赛你们有没有________取得胜利?

12. 新来的员工都要经过短期________才能开始工作。

13. 经过十几天的谈判,两个公司最终________了贸易合同。

14. 我的表弟是初中毕业，文化________不高。

15. 他非常节省，总是穿得很________。

16. 我爸爸常常对我们发________，我们都很怕他。

17. 早上起床晚了，我________洗了一把脸就去学校了。

18. 这个问题提得很________，我没有办法回答。

19. 自然界中的资源是有限的，我们应该________地开发和利用资源。

（四）组成短语

1. ________书画（定语）
2. 承认________（宾语）
3. 漏________（补语）
4. 程度________（谓语）
5. 钻研________（宾语）
6. 善于________（宾语）
7. 短期________（中心语）
8. ________自私（状语）
9. ________朴素（主语）
10. 一一________（中心语）
11. ________学历（定语）
12. ________信心（动词）

（五）写出符合解释的词语

1. 展览或出售书画或照片的地方：____________
2. 不看实际情况，按自己的想象去做：____________
3. 领导负主要责任的人：____________
4. 这个时候：____________
5. 只顾自己的利益，不顾别人：____________
6. 脸上表现出来的心理活动：____________
7. 人和人之间的：____________
8. 如果：____________
9. 优点，好的地方：____________

(六) 替换练习

1

学习汉语的目的
自己有什么特长
将来的打算
你的求职体会
对这件事的看法

能不能请你谈谈原因？

2

你的将来
你的安全
他的病情
你是否能处理好这件事
你能否按时毕业

我对你怎么跟中国员工相处有点儿担儿心。

3

孩子
学生们
这件事
考试结果

我相信你不会让我失望的。

(七) 挑错并改正

1. 今天是我妹妹的生日，我故意去礼品店，给她买了一件她喜欢的工艺品。（　　）
A　B　C

2. 昨天，村子里死了这个老人，大家都很伤心。（　　）
A　B　C

3. 他们都说这种药很有效，我吃了以后，病然而越来越重了。
A　　B　　C　　（　）

4. 他是一个热心人，假如你去求求他，那么就他一定会帮助你的。
A　　B　　C　　（　）

5. 我很喜欢《茉莉花》这首歌，我买了一张磁带，自己学唱。
A　　B　　C　　（　）

6. 公司要派一个人去上海，对于谁去，现在还没决定。
A　　B　　C　　（　）

（八）模仿句子，用加点的词语造句

1. 除非你通过面试，不然，公司不会录用你。

____

2. 经过再三考虑，他终于答应了我们的请求。

____

3. 我觉得没有比汉语更难学的语言了。

____

4. 我们管水平很高的业余戏曲演员叫票友。

____

5. 中国个别地方的经济还不太发达。

____

6. 希望你的愿望能早日实现。

____

7. 在他眼里，我这也不会，那也不行。

____

8. 万一买不到火车票怎么办？

____

9. 你这么有能力，何必在这个小公司干呢？

____

10. 假如环境污染继续下去的话，我们的生存就会出现危机。

____

(九) 模仿造句

1. 以你的外语水平，完全可以去一家国际大公司，何必到我们这样的小公司来应聘呢？

以你的__________，完全可以__________，何必__________呢？

2. 我承认，你的外语和专业都很不错，可是我对你怎么跟中国员工相处有点儿担心。

我承认，你的______和______都很不错，可是我对____________有点儿担心。

3. 在大学期间，我也参加了一些社会实践活动，尤其是在给外国人做导游方面已经有了一些经验。

在___________期间，我也___________，尤其是_______________。

4. 假如您给我一次面试的机会，我决不会让您失望的。

假如______________________，我______________________。

(十) 功能会话

1. 担心

(1) A：我对孩子一个人出门感到担心。

B：别担心，他会自己照顾自己的。

(2) A：我对这次考试感到担心。

B：放心吧，没什么可担心的。

2. 失望

(1) A：他的态度让我很失望。

B：别伤心了，以后再跟他好好谈谈。

(2) A：这孩子让家长很失望。

B：确实是这样。

3. 引入话题

(1) A：王丽，请你谈谈上次的求职经历。

B：好吧。

(2) A：请谈谈你的打算。

B：好。

(十一) 阅读

她面试为什么失败了？

九月，王丽刚刚跨出高校的大门，带着对新生活的向往，开始了自己的求职。

她首先去的是一家电脑公司。那天她打扮得很朴素，但很得体。她对考官可能会问到的问题做了充分的准备。面试开始了，王丽认真地听着，就怕漏掉一个字。考官的第一句话就是："说说你自己吧。"王丽按事先准备的自我介绍说："我叫王丽，毕业于武汉大学计算机系，我的特长是……，我的爱好是……，我脾气很好……。我出生在海边，那里风景秀丽。"一连串的"我"，还有对家乡的介绍。说着说着，她发现考官摇了摇脑袋，脸色也不好看。她不敢再说下去了。

考官的第二个问题是："如果你是我们公司的市场开发人员，你有什么计划和打算？"王丽赶忙把自己以前打工的经历一一介绍了一遍，最后还肯定地说："如果我来开发市场，我一年就可以给公司带来可观的利润。"王丽这时看到，考官脸上已经显出了不耐烦的神情。她的心里一阵比一阵紧张。

考官的第三个问题很尖锐："我们需要的是硕士学历的毕业生，你只有大学本科学历，你觉得自己合适吗？”此时，王丽已不知道怎么回答考官了，胡乱说了几句就退了出来。

第一次求职就这样失败了。她真恨自己，但是又不知道自己的问题出在哪里。

她失败的原因是什么呢？首先，要知道，人们都讨厌总是把“我”挂在嘴边的人。说了太多的“我”会让人觉得你是一个自私的人。最好的办法是，把“我”字开头的句子换成“你”字开头。例如：“你想了解我的个人爱好，还是与工作有关的问题？”“您说呢？”“您认为怎么样？”等等。其次，王丽对第二个问题的回答太主观。一个刚毕业的大学生，就保证说自己能给公司赚很多钱，会给人吹牛的感觉。第一次见面，一定要给人留下诚实、谦虚的印象，当然也要表现出对自己充满信心，给公司提出一些合理的建议或意见。

读后回答问题

1. 考官喜欢王丽的自我介绍方式吗？
2. 考官为什么显出了不耐烦的神情？
3. 考官问的第三个问题王丽回答得怎么样？
4. 总是说“我”的人是什么样的人？
5. 王丽求职失败的原因是什么？

（十二）交际

1. 自由表达

介绍一下自己参加过的一次面试。

2. 完成任务

在报纸、杂志上找一个招聘的广告，按照他们的要求和你的实际情况写一份求职信。

自测题

一、填上适当的汉字 （每个 1 分，共 15 分）

1. 演讲的时候，演讲者不仅要把稿子背得非常________练，还要具备良好的心理________质。
2. 据媒________介绍，随着市场经济的发展和农村改革的深入，许多农民告别家乡，来到城里________找工作，成了农民工。
3. 演出快要开始了，观众们有________序地走进宽敞明________的剧场大厅。
4. 老头儿把金蛋拿到秤上________了一下，足有十几两重，这可把他乐________了。
5. 我们回收可以再利用的东西，不仅可以降________污染，保护环境，还会节约资源，创________出新的价值呢！
6. 你的房间怎么乱七八________的，快收拾一下吧。
7. 他表演的节目在比赛中__________了奖，而且还得到了专家的表________。
8. 实事__________是地说，中国足球和世界水平相比还存在很大差________。

二、填上适当的量词 （每个 1 分，共 5 分）

1. 一________货物　　2. 今年大米收了八________
3. 一________大楼　　4. 一________暖空气
5. 一________夫妻

三、组成短语　（每个1分，共10分）

1. 踊跃________　　2. 逐步________

3. 毫不________　　4. ________污染

5. 一致________　　6. 赶忙________

7. 每逢________　　8. 通俗________

9. ________效率　　10. ________信心

四、选择　（每个1分，共15分）

1. 老教授刻苦钻研，在艺术研究方面取得了很多________。

A. 后果　B. 结果　C. 成果　D. 果然

2. 你有慢性呼吸系统疾病，吸烟太多________身体不利。

A. 对　B. 向　C. 至于　D. 在

3. 工厂改进了生产技术，________提高了生产效率。

A. 然而　B. 从而　C. 且　D. 虽然

4. 在我的眼________，家乡是世界上最美的地方。

A. 前　B. 上　C. 下　D. 中

5. 我是研究艺术的，对中国京剧也________了解。

A. 有所　B. 有于　C. 所有　D. 有的

6. ________媒体介绍，最近乘火车出门的人正在减少。

A. 据　B. 凭　C. 对　D. 按

7. 你带上雨伞吧，________被雨淋。

A. 免得　B. 以便　C. 所以　D. 以及

8. 如果没人帮忙的话，你________去求求张老师。

A. 不免　B. 不妨　C. 毫不　D. 不仅

9. 天越来越黑，游人渐渐少了，广场慢慢安静________。

A. 起来　B. 过来　C. 过去　D. 下来

10. ________你亲自去请他，不然他不会来的。

A. 除非　　B. 清除　　C. 除　　D. 再三

11. 这是怎么回事，我想知道个________。

A. 究竟　　B. 到底　　C. 竟然　　D. 讲究

12. 我________没想到儿子竟然能考上外国语大学。

A. 万万　　B. 万一　　C. 千万　　D. 百万

13. 在中国，大家________给别人介绍对象的人叫红娘。

A. 关于　　B. 对　　C. 于　　D. 管

14. 我们学校要组织一次旅游，________去什么地方，还没决定。

A. 至于　　B. 关于　　C. 对于　　D. 每逢

15. 请别人把东西捎过来就行了，________自己来一趟呢？

A. 何必　　B. 假如　　C. 何况　　D.因此

五、改错　（每个 2 分，共 12 分）

1. 随着经济的发展，人们的收入很高了。

____

2. 这次座谈会，我们要对中国民歌加以说。

____

3. 我宁可睡觉也要把这篇文章背下来。

____

4. 小王的表哥要打工来城里。

____

5. 不论你赞成，都要支持这次活动。

____

6. 请你赶忙去把东西拿回来。

____

六、用所给的词语造句 （每个 3 分，共 33 分）

1. 假如……就……

2. 何必……呢

3. 万一

4. 以免

5. 为……而……

6. 没有比……更……

7. 再……也……

8. 一面……一面……

9. 宁可……也……

10. 幸亏……不然……

11. 以便

七、选择合适的回答　（每个 1 分，共 10 分）

1. 他通俗歌曲唱得怎么样？（　　）

　A. 你太谦虚了。　　　　B. 不怎么样。

2. 前天山本丢了钱包，今天又把手机丢了。（　　）

　A. 他可真倒霉。　　　　B. 他真后悔。

3. 什么叫历史名城啊？（　　）

　A. 没去过西安，真遗憾。

　B. 比方说西安、北京、南京等等。

4. 对不起，我把你的照相机弄坏了。（　　）

　A. 没关系，我再买一个。　　　　B. 请勿在这里拍照。

5. 今天中国队踢得怎么样？（　　）

　A. 马马虎虎。　　　　B. 很兴高采烈。

6. 你的京剧唱得真不错，跟专业演员差不多。（　　）

　A. 不敢当，你过奖了。　　　　B. 运气不错。

7. 我感冒了，吃了好多药都不好。（　　）

　A. 你不妨试试中药。　　　　B. 我真受不了你。

8. 准备充分了，比赛时才能不紧张。（　　）

　A. 的确是这样。　　　　B. 不愿意。

9. 要是你好好学习，不会考得这么差。（　　）

　A. 我也很后悔。　　　　B. 幸亏你帮我。

10. 这次面试又失败了。（　　）

　A. 想开点儿，机会有的是。　　　　B. 这个很难说。

生词总表

A

爱护	àihù	大切に保護する	애호하다	беречь	4

B

败	bài	負ける	패배하다	проиграть	8
般	bān	～のように	…같은	похожно	7
伴儿	bànr	連れ	동료	партнер	3
包含	bāohán	含む	포함하다	включать	7
报到	bàodào	到着を報告する	등록하다	явиться	10
报告	bàogào	伝える；告げる	보고(하다)	доклад	8
悲伤	bēishāng	悲しい	몹시 슬퍼하다	мучный	9
背诵	bèisòng	暗証する	외우다	наизусть	1
被子	bèizi	掛け布団	이불	одеяло	9
本钱	běnqián	資本金	본전	капитал	2
甭	béng	～する必要がない	…하지 마라	не	6
比方	bǐfang	例え（る）	예를 들다	например	9
比分	bǐfēn	得点	득점	балл	8
笔记	bǐjì	メモ	필기	запись	7
必然	bìrán	必ず	필연적이다	необходимо	7
必由之路	bì yóu zhī lù	必ず通さなければならない道	반드시 거쳐야 하는 길	дорога которую не миновать	2

毕业生	bìyèshēng	卒業生	졸업생	выпускник	10
避	bì	避ける	피하다	прятаться	9
避免	bìmiǎn	避ける；防止する	피하다	избежать	4
鞭炮	biānpào	爆竹	폭죽	хлопушки	9
贬义	biǎnyì	貶す意味合い	부정적 의미	отрицательная оценка	9
便利	biànlì	便利である	편리하다	удобный	6
变迁	biànqiān	変遷	변천하다	изменяться	3
表面	biǎomiàn	うわべ、表面	표면	внешность	7
表扬	biǎoyáng	褒める	표창하다	отмечать	7
玻璃	bōli	ガラス	유리	стекло	9
不妨	bùfáng	～しても差し支えない	괜찮다	не мешает	3
不敢当	bù gǎndāng	どういたしまして	별 말씀을 다 하십시오	не смею согласиться	4
不利	búlì	不利益である	불리하다	неблагоприятный	1
不论	búlùn	たとえ～であろうとも	…든지	независимо	4
不满	bùmǎn	不満である	불만족하다	недовольный	9
不幸	búxìng	不幸	불행하다	несчастье	4
不足	bùzú	不十分である	부족하다	не хватать	2
部长	bùzhǎng	部長	부장	начальник	10

C

裁判	cáipàn	裁判（する）	재판(하다)	судья	8
采集	cǎijí	採集する	수집하다	собрать	3
采用	cǎiyòng	採用する	채용하다	применить	6
参谋	cānmou	相談相手(になる)	참모	советовать	2

餐盒	cānhé	弁当箱	도시락	коробка для пищи	5
插	chā	差し挟む	끼어들다	вставлять	4
差距	chājù	距離	격차	отклонение	8
茶馆儿	cháguǎnr	（中国式）喫茶店	다방	чайная	3
长处	chángchù	長所	장점	достоинство	10
长期	chángqī	長期	장기간	длительное время	7
尝试	chángshì	試みる	시행해 보다	пробовать	1
唱腔	chàngqiāng	（京劇などの）節回し	노래 곡조	мелодия	7
炒鱿鱼	chǎo yóuyú	首になる	파면하다	исключить	10
沉默	chénmò	沈黙する	침묵하다	молчаливый	8
称	chēng	量る	되다	весить	4
成	chéng	１割	퍼센트	одна десятая	2
成百上千	chéng bǎi shàng qiān	数の非常に多いさま	수백 수천에 달하다	сотни и тысячи	6
成果	chéngguǒ	成果	성과	плод	1
成熟	chéngshú	成熟する	성숙하다	созреть	2
承认	chéngrèn	認める；肯定する	승인하다	признавать	10
诚实	chéngshí	誠実である	성실하다	честный	10
城镇	chéngzhèn	都市と町	도시와 읍	города и села	6
程度	chéngdù	程度	정도	степень	10
秤	chèng	はかり	저울	весы	4
持续	chíxù	持続する	지속하다	продолжать	6
翅膀	chìbǎng	つばさ	날개	крыло	10
充实	chōngshí	充実である	충실하다	богатый	7
冲	chōng	突き進む	돌진하다	бросаться	6
虫子	chóngzi	虫	벌레	насекомое	4
绸子	chóuzi	しゅす	견직물	шелк	9
臭	chòu	臭い	견직물	вонючий	5
出口	chūkǒu	出口	출구	выход	6

出入	chūrù	入り口	출입하다	входить и выходить	4
初步	chūbù	初歩の	초보적인	первый	2
除非	chúfēi	～しない限り ～しない	…하지 않으면	кроме	6
处分	chǔfèn	処分（する）	처분	наказать	10
处于	chǔyú	(有る状態に) 置かれている	…에 처하다	находиться	6
创造	chuàngzào	創造する	창조하다	творить	5
创作	chuàngzuò	創作（する）	창작(하다)	творить	3
春联	chūnlián	春れん	춘련	парные полосы	9
春运	chūnyùn	春節期間の運送	음력설을 전후한 시기의 여객, 화물의 수송	транспорт Нового года	6
蠢	chǔn	愚かである	어리석다	глупый	4
词儿	cír	(話し言葉)言葉	단어	словосочетание	9
词语	cíyǔ	言葉	글자	слово	9
此	cǐ	これ	이것	это	5
此时	cǐshí	この時	이때	в это время	10
从而	cóng'ér	したがって	따라서	тем самым	1
匆忙	cōngmáng	慌しい	총망하다	поспешно	3
凑	còu	集まる	따라서	вместе	4
催	cuī	催促する	독촉하다	торопить	6

D

打动	dǎdòng	感動させる	감동시키다	тронуть	1
打击	dǎjī	打撃を与える	처부수다	бить	6
打印	dǎyìn	印刷する	타자인쇄하다	копировать	1
大大	dàdà	大いに	엄청나게	очень	6

大奖	dàjiǎng	大きな賞や宝くじ	대상	награда	8
大街小巷	dà jiē xiǎo xiàng	大通りと路地	큰길과 골목	проспект и переулок	2
大力	dàlì	力を入れる	크게	всемерно	3
大陆	dàlù	大陸	대륙	континент	2
大气	dàqì	大気	대기	атмосфера	5
大体	dàtǐ	大体	대체적이로	уместный	9
大王	dàwáng	その道の達人	대와	король	4
大致	dàzhì	大体の；おおよそ	대체로	в общем	3
代替	dàitì	～のかわりに(なる)	대신하다	заменять	9
带领	dàilǐng	引率する	이끌다	вести	4
带头	dài tóu	先頭に立つ	솔선수범하다	стоять во главе	3
单	dān	単一の、片方の	하나의	нечетный	6
单程	dānchéng	片道	편도	рейс в один конец	6
单词	dāncí	単語	단어	слово	1
担任	dānrèn	担当する	맡다	работать	7
当前	dāngqián	目前(の)	현재	текущий	2
导致	dǎozhì	引き起こす	야기하다	привести	5
道歉	dào qiàn	謝る	사과하다	извиниться	3
得体	détǐ	適切である	적절하다	уместный	10
得知	dézhī	(ある情況を)知る	알다	знать	10
底下	dǐxia	その先	아래	под	7
地面	dìmiàn	地面	지면	поверхность	5
点	diǎn	少量のものを表す単位	점	точка	1
东北	dōngběi	東北	중국의 동북 지구	север-восток	6
懂得	dǒngde	分かる	알다	знать	9
动作	dòngzuò	動作	동작	действовать	7
洞	dòng	穴	동굴	дыра	4

独特	dútè	独特な	독특하다	своеобразный	3
短期	duǎnqī	短期	단기	короткий срок	10
短缺	duǎnquē	不足する	결핍하다	не хватать	5
短文	duǎnwén	短い文章；随筆	단문	статья	1
短语	duǎnyǔ	フレーズ	구	словосочетание	1
段子	duànzi	(漫才や講談などの）段	곤곡.경극등에서의 일단락	часть	7
对	duì	二つでひと組のものを数える単位	쌍	пара	2
对比	duìbǐ	対比する	비교하다	сравнить	8
对待	duìdài	扱う	대하다	относиться	5
对付	duìfu	あしらう	대응하다	справиться	4
对联	duìlián	対れん	주련	парные надписи	9
对面	duìmiàn	向こう	맞은 편	наоборот	4
对手	duìshǒu	相手	적수	противник	8
顿时	dùnshí	直ちに；急に	갑자기	тотчас	8

E

恶化	èhuà	悪化する	악화되다	ухудшение	2
儿歌	érgē	児童の歌；童謡	동요	песня детей	3

F

发明	fāmíng	発明（する）	발명(하다)	изобрести	5
发扬	fāyáng	提唱し盛んにする	발양하다	развивать	7
伐木工	fámùgōng	伐採者	벌목공	лесоруб	5
繁多	fánduō	非常に多い	대단히 많다	многочисленный	3

繁荣	fánróng	繁栄する	번성하다	процветание	6
反超	fǎnchāo	追い越す	반대 추월하다	перегнать	8
犯	fàn	犯す	저지르다	совершать	2
犯罪	fàn zuì	罰を犯す	죄를 저지르다	преступление	2
饭碗	fànwǎn	お碗	직업	чашка	2
贩子	fànzi	小商人	거간꾼	лоточник	6
防止	fángzhǐ	防止する	방지하다	предотвращать	4
非……不可	fēi……bù kě	～でなければならない	꼭…한다	без не	8
分布	fēnbù	分布する	분포하다	раскидываться	3
分类	fēn lèi	分類する	분류(하다)	классификация	3
纷纷	fēnfēn	次から次へと	잇달아	один за другим	2
风沙	fēngshā	風と砂ぼこり	모래 바람	песчаная буря	5
负责人	fùzérén	責任者	책임자	ответственное	10
副	fù	副次的な	대리의	вице лицо	7

G

概括	gàikuò	総括（する）	개괄하다	обобщение	7
赶忙	gǎnmáng	急いで	서둘러	поспешно	7
高潮	gāocháo	高まり	고조	пик	6
高贵	gāoguì	高貴な	고귀하다	высокий	9
高校	gāoxiào	高校	고등학교	высшее учебнее заведение	6
稿子	gǎozi	原稿	원고	статья	1
胳膊	gēbo	腕	팔뚝	рука	6
歌手	gēshǒu	歌手	가수	певец	3
个别	gèbié	ほんの一部の；まれな	개별적	отдельный	8

各个	gègè	それぞれ；みな	각개의	каждый	9
跟前	gēnqián	かたわら；そば	앞	возле	6
工地	gōngdì	建築現場	(직업.공사)현장	стройка	2
工夫	gōngfu	時間	시간	время	6
工艺品	gōngyìpǐn	工芸品	공예품	художественное изделие	10
公	gōng	雄の	수컷	самец	4
公安	gōng'ān	警察	공안	общественная безопасность	6
公鸡	gōngjī	雄の鶏	수닭	петух	4
公民	gōngmín	公民	공민	гражданин	5
攻	gōng	攻める	공격하다	наступать	8
供	gōng	提供する	제공하다	поставить	6
构成	gòuchéng	構成（する）	구성(하다)	составить	2
购物袋	gòuwùdài	ショッピング・バッグ	쇼핑 자루	покупательный мешок	5
股	gǔ	力・感情などを表す単位	가닥	счетное слово	6
鼓	gǔ	鼓	북	барабан	8
鼓舞	gǔwǔ	奮い立たせる	고무하다	вдохновить	8
鼓掌	gǔ zhǎng	握手する	박수치다	аплодировать	3
观点	guāndiǎn	観点	관점	взгляд	2
观看	guānkàn	観覧する	관람하다	наблюдать	7
观众	guānzhòng	観衆	관중	зрители	1
管	guǎn	管理する	관리하다	управлять	6
管……叫……	guǎn……jiào……	～を～と呼ぶ	…를 …라고 부르다	называть	7
管理员	guǎnlǐyuán	管理員	관리원	управитель	3
冠军	guànjūn	チャンピオン	우승	чемпион	1
广播员	guǎngbōyuán	放送員	방송원	диктор	3

广大	guǎngdà	広範な；幅広い	광대하다	большой	7
广泛	guǎngfàn	多方面の；幅広い	광범위하다	широкий	7
广阔	guǎngkuò	広い	광활하다	обширный	3
规矩	guīju	規則	규칙	правило	9
过奖	guòjiǎng	褒めすぎる	과찬하다	перехваливать	7

H

海外	hǎiwài	海外	해외	заморский	7
海峡	hǎixiá	海峡	해협	пролив	2
害羞	hàixiū	はずかしい	부끄러워하다	стыд	1
航空	hángkōng	航空	항공	авиа	6
毫不	háo bù	～少しも～ない	조금도…없다	чуть не	3
好听	hǎotīng	すばらしい	듣기 좋다	мелодичный	3
好些	hǎoxiē	多くの；たくさんの	많은	много	6
好转	hǎozhuǎn	好転する	개선되다	улучшиться	6
合理	hélǐ	合理である	합리적이다	разумный	10
何必	hébì	～する必要はないではないか	구태여	зачем не пременно	10
恨	hèn	後悔する	미워하다	ненавидеть	10
红火	hónghuo	盛んな	성대하다	успешный	9
红人	hóngrén	お気に入り；売れっ子	인기 있는 사람	фаворит	9
后代	hòudài	後代	후대	потомок	8
忽视	hūshì	無視する	무시하다	игнорировать	5
胡乱	húluàn	いいかげんに；勝手に	함부로	как попало	10
蝴蝶	húdié	蝶	나비	бабочка	7

花花绿绿	huāhuālǜlǜ	色鮮やかできれいなこと	울긋불긋하다	цветастый	7
画廊	huàláng	ギャラリー	화랑	выставка живописи	10
坏	huài	「動詞＋“坏”」の形で、心理状態を強調する	빠져들다	плохой	4
慌忙	huāngmáng	慌しい	황급하다	торопливо	6
皇后	huánghòu	皇后	왕후	императрица	9
皇家	huángjiā	皇室	황실	родственики императора	9
回收	huíshōu	回収する	회수하다	рекуперация	5
混	hùn	いい加減に過ごす	그럭저럭 살어가다	жить кое-как	4
获	huò	もらう；得る	획득하다	получить	7

J

吉祥	jíxiáng	めでたい	상서롭다	счастье	9
疾病	jíbìng	病気	질병	заболевание	2
集中	jízhōng	集中する	집중하다	концентрировать	6
记录	jìlù	記録(する)	기록(하다)	записать	3
纪念品	jìniànpǐn	記念品	기념품	сувенир	1
忌	jì	忌む；止める	꺼리다	избегать	9
技巧	jìqiǎo	技術	기교	техника	7
寂静	jìjìng	ひっそりと静まり返る	고요하다	тихий	8
加强	jiāqiáng	強める	강화하다	стимулировать	8
加以	jiāyǐ	行う	…하다	применять	3
假如	jiǎrú	もしも～なら	만약	если	10
尖锐	jiānruì	鋭い	첨예하다	резкий	10

坚决	jiānjué	断固として	결연하다	решительный	6
艰巨	jiānjù	並大抵でない	간고하고도 막중하다	тяжелый	3
艰难	jiānnán	困難に満ちた	힘들다	тяжелый	2
兼	jiān	兼ねる	겸하다	совмещать	10
拣	jiǎn	拾う	고르다	отобрать	4
剪彩	jiǎn cǎi	(開会式・落成式などで)テープを切る	테이프를 끊 다	разрезать ленту	9
检验	jiǎnyàn	検査する	검험하다	контролировать	1
将来	jiānglái	将来	장래	будущий	2
讲话	jiǎng huà	話す	이야기하다	разговаривать	1
讲座	jiǎngzuò	講座	강좌	лекция	7
降低	jiàngdī	下げる	낮추다	снизить	5
交际	jiāojì	交際する	교제하다	общаться	1
角落	jiǎoluò	コーナー	구석	угол	8
脚步	jiǎobù	足取り	발걸음	шаг	4
较	jiào	比較的に	좀	сравнительно	1
接连	jiēlián	引き続いて	연속으로	беспрерывно	8
结实	jiēshi	丈夫な	굳다	крепкий	4
节	jié	節	기념일	каникулы	8
节省	jiéshěng	節約する	아끼다	экономить	6
洁净	jiéjìng	きれいである	깨끗하다	чистый	5
结	jié	結ぶ	매다	сочетать	10
解答	jiědá	回答する	해답하다	ответ	7
进攻	jìngōng	攻勢（に出る）	진공	наступать	8
近期	jìnqī	近いうち	단기	в последнее время	6
禁止	jìnzhǐ	禁止する	금지하다	запретить	9
敬爱	jìng'ài	敬愛する	경애하다	уважать	10
究竟	jiūjìng	結果	결말	причина	7
救	jiù	救う	구하다	спасти	5

具备	jùbèi	備える	구비하다	обладать	1
剧场	jùchǎng	劇場	극장	театр	3
剧目	jùmù	芝居の外題	연극 제목	репертуар	7
剧情	jùqíng	ストーリー	연극의 줄거리	ход пьесы	7
剧团	jùtuán	劇団	극단	труппа	7
据	jù	～によって	…에 따르면	опираться	2
捐	juān	寄付する	헌납하다	жертвовать	1

K

开头	kāitóu	始め（る）	처음	начало	10
开学	kāi xué	学校が始まる	개학하다	начало занятии	6
看台	kàntái	スタンド	관람석	трибуна	8
炕	kàng	オンドル	온돌	кан	9
考官	kǎoguān	試験官	시험관	экзаменатор	10
可	kě	けれども	하지만	но	5
可观	kěguān	たいした；相当な	가관이다	значительный	7
可靠	kěkào	信頼できる	믿을 만하다	надежный	4
可惜	kěxī	残念である	아쉽다	жаль	5
客队	kèduì	遠征チーム	원정팀	команда гостей	8
客运	kèyùn	旅客運搬業務	여객 운수 업무	пассажирское движение	6
空前	kōngqián	空前	공전	небывалый	6
口头	kǒutóu	口頭	구두	устный	3
扣	kòu	天引きする；差し引く	공제하다	удержать	10
跨	kuà	（場所や時間などの境目に）またがる	뛰어넘다	перешагнуть	10
宽敞	kuānchang	広々としている	넓다	просторный	3

垃圾	lājī	ゴミ	쓰레기	мусор	5
喇叭	lǎba	ラッパ	나팔	труба	8
来着	láizhe	～した；～していた	…이었다	глагольный суффикс	3
来自	láizì	～から来る	…에서 오다	приехать	6
老婆婆	lǎopópo	おばあさん	할머님	старуха	4
老头儿	lǎotóur	（男）年寄り	노인	старик	4
老头子	lǎotóuzi	（老夫婦）妻が夫をさして言う語	늙은이	старик	4
乐	lè	喜ぶ	즐겁다	веселый	4
礼金	lǐjīn	礼金	사례금	свадебный подарок деньгами	9
礼堂	lǐtáng	講堂	강당	зал	1
力量	lìliàng	力；能力	힘	сила	4
力所能及	lì suǒ néng jí	（自分の）能力に相応する	힘이 자라는 바다	под силу	7
利益	lìyì	利益	이익	польза	6
脸谱	liǎnpǔ	（劇）くま取り	(연극)중국 전통극의 배우들의 얼굴 분장	образцы гримов	7
良好	liánghǎo	しっかりする	양호하다	прекрасный	1
两	liǎng	重さの単位	냥	лян	4
两口儿	liǎngkǒur	夫婦	부부간	супруги	4
列车	lièchē	列車	열차	поезд	6
劣势	lièshì	劣勢	열세	невыгодное положение	8
淋	lín	ぬらす	젖다	мокнуть	3
磷	lín	燐	(화학)인	фосфор	5

铃铛	língdang	鈴	방울	бубенчик	4
零	líng	ゼロ	영	нуль	8
流传	liúchuán	広く伝わる	유전하다	передаваться	3
柳	liǔ	柳	버드나무	ива	3
漏	lòu	抜け落ちる	빠지다	течь	10
录像	lùxiàng	ビデオ	녹화(하다)	видеозапись	7
录用	lùyòng	採用する	채용하다	зачислить	10
路程	lùchéng	道のり	노정	дорога	6
旅客	lǚkè	旅客	여객	пассажир	6
乱七八糟	luànqībāzāo	ひどく混乱している	엉망진창이다	беспорядок	6

M

马马虎虎	mǎmahūhū	いい加減である	부주의하다	небрежный	8
码头	mǎtóu	港町	부두	пристань	2
慢性	mànxìng	慢性	만성의	храническиий	5
忙碌	mánglù	忙しい	바쁘다	хлопотать	2
猫	māo	猫	고양이	кошка	4
毛病	máobìng	欠点；くせ	문제점	недостаток	1
矛盾	máodùn	矛盾	모순	противоречие	2
没错	méi cuò	疑いない	맞다	правда	1
媒体	méitǐ	メディア	매체	медиатор	2
每	měi	～するたびに	항상	каждый	9
美化	měihuà	美化する	미화하다	украсить	2
魅力	mèilì	魅力	매력	волшебная	7
密切	mìqiè	密接する	밀접하다	тесный	6
免得	miǎnde	～しないように	…하지 않도록	чтобы не	4
描写	miáoxiě	描写する	묘사하다	описать	9
民歌	míngē	民間歌謡	민가	народные песни	3

明亮	míngliàng	明るい	밝다	светлый	3
模仿	mófǎng	まねる	모방하다	подражать	1
默默	mòmò	黙々として	조용히	тише	8
谋生	móushēng	生計の道をはかる	생계를 찾다	зарабатывать	2
母	mǔ	雌の	암컷의	самка	4
母鸡	mǔjī	雌の鶏	암탉	курица	4
目光	mùguāng	視線	시야	взгляд	2
牧民	mùmín	牧畜民	목축민	пастух	3

N

那时	nàshí	その時	그때	в то время	6
呐喊	nàhǎn	喚声をあげる	고함치다	кликнуть	8
纳闷儿	nà mènr	合点がいかない	이상해하다	призадуматься	7
耐烦	nàifán	面倒がらない	참다	терпение	10
脑袋	nǎodai	頭	머리	глава	10
闹钟	nàozhōng	目覚まし時計	괘종시계	будильник	9
内向	nèixiàng	内向的である	내형적이다	замкнутый	1
能否	néng fǒu	できるまたはできない	…할 수 있을까?	можно или нет	2
能干	nénggàn	才能が優れている	능력이 있다	умный	4
拟	nǐ	立案する	초안하다	составлять	1
年轻	niánqīng	若い	젊다	молодой	2
宁可	nìngkě	むしろ～しても	차라리	лучше чем	3
农活	nónghuó	畑仕事	농사일	полевые работы	2
农民工	nóngmíngōng	農民労働者	농민공	крестьянский рабочий	2
女生	nǚshēng	女学生	여학생	ученица	7

P

排练	páiliàn	下稽古をする	리허설하다	репетировать	7
旁	páng	そば；かたわら	옆	около	6
培训	péixùn	育成し訓練する	훈련.양성하다	обучать	10
配合	pèihé	ふさわしい	협동하다	согласовать	1
配音	pèi yīn	アフレコをする	더빙하다	дублирование	7
碰到	pèng dào	～に出会う	마주치다	встретить	5
批	pī	同時に行動する多くの人を１単位として数える単位	일군	счетное слово	2
皮炎	píyán	皮膚炎	피부염	дерматит	5
脾气	píqi	性質	성격	характер	10
片面	piànmiàn	一方的である	일반적이다	односторонний	2
骗	piàn	騙す	속이다	обманывать	4
票友	piàoyǒu	アマチュア、愛好家	아마추어 배우	актер-любитель	7
品	pǐn	品定めをする	품평하다	пробовать	3
平	píng	平めである	평탄하다	ровный	4
平	píng	等しい	같은 정도이다	ровный	8
迫切	pòqiè	待ちきれないほど	절박하다	актуальный	1
破	pò	打ち破る	쳐부수다	разрушить	8
破坏	pòhuài	破壊する	파괴하다	разрушить	5
		差し追っている			
朴素	pǔsù	素朴である	소박하다	простой	10

Q

欺骗	qīpiàn	騙す；欺く	속이다	обманывать	6

起源	qǐyuán	起源（する）	기원 (하다)	брать начало	9
恰当	qiàdàng	適当である	적합하다	подходящий	1
签订	qiāndìng	結ぶ	조인하다	подписать	10
强调	qiángdiào	強調する	강조하다	подчеркивать	1
强烈	qiángliè	極めて強い；強烈である	강렬하다	сильный	7
巧克力	qiǎokèlì	チョコレート	초콜릿	шоколад	9
且	qiě	しかも	…하면서…하다	даже	9
亲切	qīnqiè	親しい；親切である	친근하다	теплый	3
轻视	qīngshì	軽視する	경시하다	презирать	1
清除	qīngchú	すっかり取り除く	제거하다	очистить	5
清洁	qīngjié	清潔である	청결하다	чистый	2
情歌	qínggē	恋歌	연가	песня любви	3
情绪	qíngxù	情緒	기분	эмоция	8
请求	qǐngqiú	請求（する）	부탁하다	просить	2
球队	qiúduì	球技チーム	팀	команда	8
球迷	qiúmí	球技ファン	팬	болельщик	8
球赛	qiúsài	球技試合	구기 경기	матч	8
球星	qiúxīng	球技スター	스타플레이어	спортивная звезда	8
球衣	qiúyī	球技服	스포츠 셔츠	футболка	8
球员	qiúyuán	球技員	선수	игрок	8
曲子	qǔzi	歌、曲	곡	песня	3
去世	qùshì	死ぬ	돌아가시다	скончаться	9
全力	quánlì	全力	전력	изо всех сил	8
全面	quánmiàn	全面的	전면적이다	всеобщий	6
群	qún	群れ	무리	группа	2
群众	qúnzhòng	大衆	군중	масса	3

R

人际	rénjì	人と人の間	사람과 사람 사이	отношение	10
人事部	rénshìbù	人事部	인사부	отделение кадров	10
人体	réntǐ	人体	인체	тело	5
人物	rénwù	人物	인물	человек	3
忍受	rěnshòu	耐える	참아 내다	терпеть	5
认得	rènde	見知っている	알다	знакомить	3
认可	rènkě	認める	안가하다	разрешать	7
日报	rìbào	日刊新聞	신문	дневная газета	6
如此	rúcǐ	このようである	이렇게	такой	7
如下	rúxià	次の通りである	다음과 같다	следует	1
如意	rúyì	意のままになる	마음에 들다	благополучие	9
入选	rùxuǎn	入選する	뽑히다	быть выбранным	9

S

赛场	sàichǎng	競技場	경기장	матч	8
色彩	sècǎi	色	색	цвет	9
森林	sēnlín	森	삼림	лес	5
沙尘	shāchén	砂ぼこり	모래 먼지	песок	5
沙漠	shāmò	砂漠	사막	пустыня	5
傻	shǎ	愚かである	어리석다	дурачный	4
山包	shānbāo	小山	작은 산	гора	4
善于	shànyú	～に長けている；～が上手である	…를 잘하다	быть сильным	10
伤害	shānghài	壊す	상해하다	вредить	5
伤心	shāng xīn	悲しむ	슬퍼하다	огорчаться	8
商议	shāngyì	相談する	상의하다	обсуждать	4
上半场	shàngbànchǎng	（試合の）前半	전반전	первый сеанс	8

上交	shàngjiāo	引き渡す	제출하다	дать	1
少数民族	shǎoshù mínzú	少数民族	소수 민족	меньшинство	9
哨	shào	呼子	호각	свисток	8
设	shè	設ける；置く	차리다	учреждать	1
射	shè	シュートする	넣다	стрелять	8
身边	shēnbiān	身の回り	몸	при себе	5
深厚	shēnhòu	厚い	깊다	глубокий	10
神情	shénqíng	顔つき	표정	выражение	10
神仙	shénxiān	（神話中の）神仙	신선	святой дух	4
省得	shěngde	しないですむように	…하지 않도록	чтобы не	3
时代	shídài	時代	시대	век	3
实际上	shíjìshang	実際には；実は	실제로	реально	5
实事求是	shí shì qiú shì	実際に即して正しく行動する	실사구시	реалистически	8
市场经济	shìchǎng jīngjì	市場経済	시장 경제	рыночная экономика	2
事先	shìxiān	事前に；前もって	사전에	до этого	9
收录	shōulù	収録する	수록하다	записывать	3
手写	shǒuxiě	手書くをする	손으로 쓰다	писать от руки	1
守	shǒu	守る	지키다	защищать	4
书画	shūhuà	書画	서화	каллиграфия и живописи	10
蔬菜	shūcài	野菜	채소	овощь	4
熟练	shúliàn	熟練している	숙련되다	опытный	1
衰落	shuāiluò	フェージング	쇠락	замирание	7
水泥	shuǐní	セメント	시멘트	цемент	5
说不定	shuōbudìng	～ひょっとしたら、かも知れない	아마도	может быть	8

硕士	shuòshì	修士	석사	магистр	10
送终	sòng zhōng	（親の）死に目にあう	임종을 지키다	готовить тело к погребению	9
素质	sùzhì	素質	소질	природа	1
塑料	sùliào	プラスチック	플라스틱	пластмасса	5
随着	suízhe	～したがって、～と伴って	…따라서	следовать	2
碎	suì	砕く	부서지다	разбить	9
损失	sǔnshī	損をする；損失	손실되다	убыток	7
缩小	suōxiǎo	縮小する	축소하다	уменьшить	5
所	suǒ	"所"＋他動詞の形を名詞句にする	바	служебное слово	3

T

台	tái	壇；舞台	대	сцена	1
台阶	táijiē	石段	층계	ступень	8
贪心	tānxīn	欲張る	욕심이 많다	жадный	4
谈论	tánlùn	議論する	담론하다	разговорить	3
谈判	tánpàn	話し合いする	담판하다	переговоры	10
探	tàn	尋ねる	살피다	посещать	7
逃	táo	逃げる	도망치다	бежать	4
桃子	táozi	桃	복숭아	персик	4
讨厌	tǎoyàn	嫌いだ	싫다	надоесть	4
特此	tècǐ	特にここに	이상…을 알립나다	настоящим	1
提倡	tíchàng	提唱する	제창하다	поощрять	7
体力	tǐlì	体力	체력	физическая сила	2
体育场	tǐyùchǎng	グラウンド	체육장	спортзал	8
天帝	tiāndì	天帝	하느님	бог	4

铁杆儿	tiěgǎnr	確実な	확실한	завязатый	8
铁路	tiělù	鉄道	철도	железная дорога	6
通道	tōngdào	交通上主要な道路	통로	проход	9
通俗	tōngsú	通俗的な	통속적이다	популярный	7
通讯	tōngxùn	通信する	통신하다	сообщение	10
同	tóng	と	…와	и	2
投	tóu	投げる	던지다	бросать	4
图	tú	～しようと考える	바라다	планировать	8
土地	tǔdì	土	땅	земля	3
土壤	tǔrǎng	土壌	토양	почва	3
吐	tǔ	話す；吐く	말하다	плевать	1
吐字	tǔzì	話す	토자	произносить	1
兔子	tùzi	ウサギ	토끼	заяц	4
推动	tuīdòng	促進する	추진하다	продвинуть	2
推广	tuīguǎng	普及させる	널리 보급하다	внедрять	3
拖欠	tuōqiàn	返済を延び延びにする	빚을 끌다	задерживать	2
脱离	tuōlí	離脱する；離れる	벗어나다	оторвать	7

W

外来	wàilái	外来の	외부에서 오다	извне	9
完整	wánzhěng	すっかり整っている	완전하다	целый	1
万万	wànwàn	決して；絶対に	절대로	совсем	9
万一	wànyī	万が一	만일…하면	случай	9
往返	wǎngfǎn	往復する	왕복하다	туда и обратно	6
危机	wēijī	危機；ピンク	위기	кризис	7
危险	wēixiǎn	危険である	위험하다	опасный	5

威胁	wēixié	脅かす	위협하다	угрожать	8
违反	wéifǎn	違反する	위반하다	нарушать	9
唯一	wéiyī	唯一の	유일하다	одинокий	5
位置	wèizhì	位置	자리	положение	5
温度	wēndù	温度	온도	температура	6
文明	wénmíng	文明	문명	цивилизация	2
闻	wén	（においを）かぐ	맡다	нюхать	5
窝	wō	巣；小屋	둥지	гнездо	4
污染	wūrǎn	汚染	오염시키다	загрязнить	5
污水	wūshuǐ	汚水	더러운 물	грязная вода	5
无论	wúlùn	～を問わず	…에도 불구하다	любой	3
无奈	wúnài	しようがない	하는 수 없이	ничего нельзя поделать	8
无限	wúxiàn	無限である	한없다	неограниченный	7
武打	wǔdǎ	立ち回り	중국 전통극에서 격투	акробатика	7
勿	wù	～するな	…하지 마라	не	1

X

洗衣粉	xǐyīfěn	洗剤	가루비누	стиральный порошок	5
戏曲	xìqǔ	中国の伝統的な演劇	전통적인 가극	опера	7
下旬	xiàxún	後半	하순	поздно; конце	6
先是	xiānshi	初めは；まずは	처음에는	во-первых	1
鲜明	xiānmíng	鮮明な	선명하다	яркий	8
显著	xiǎnzhù	顕著である	현저하다	значительный	2
现有	xiànyǒu	有り合わせの	현유의	появиться	3
相比	xiāngbǐ	比較する	비교하다	сравнить	2
相关	xiāngguān	関係がある	관련되다	связать	3

相互	xiānghù	お互いに	서로	взаимный	1
香水	xiāngshuǐ	香水	향수	духи	5
消灭	xiāomiè	消滅させる	소멸하다	уничтожить	5
小气	xiǎoqi	けち	인색하다	скупой	6
效率	xiàolǜ	効率	효율	эффективность	6
笑话	xiàohua	人を笑いものにする	논담	шутить	4
协调	xiétiáo	協調する	조화하다	согласовать	10
心愿	xīnyuàn	願い	소원	мечта	8
新房	xīnfáng	新婚夫婦の寝室	신방	спальня новобрачных	9
信箱	xìnxiāng	ポスト	우편함	почтовый ящик	10
信心	xìnxīn	自信	자신	вера	10
信仰	xìnyǎng	信仰	신앙	исповедовать	9
形势	xíngshì	形勢	형세	состояние	8
兴高采烈	xìng gāo cǎi liè	上機嫌である；大喜びである	매우 흥겹다	бурный восторг	8
幸亏	xìngkuī	幸いなことに	다행히	к счастью	3
修理	xiūlǐ	修理する	수리하다	ремонтировать	2
秀丽	xiùlì	秀麗である	수려하다	прелестный	10
虚心	xūxīn	謙虚な気持ち	허심하다	скромный	7
选手	xuǎnshǒu	選手	선수	участник	1
学历	xuélì	学歴	학력	образовательный ценз	10
寻找	xúnzhǎo	探す	찾다	искать	2
训练	xùnliàn	練習する	훈련하다	тренировать	1

哑	yǎ	（声が）かれる、かすれる	소리 나지 않다	хриплый	8
延长	yáncháng	延長する	연장하다	длиться	6
严肃	yánsù	厳粛である	진지하다	строгий	9
研究所	yánjiūsuǒ	研究所	연구소	научно-исследовательский институт	7
演变	yǎnbiàn	進展変化する	변화 발전하다	развивать	3
演唱	yǎnchàng	歌を歌う	노래하다	петь	7
要不	yàobù	～でないと	그렇지 않으면	иначе или	1
要饭	yào fàn	乞食をする	빌어먹다	просить милостыню	9
野生	yěshēng	野生の	야생	дикорастущий	5
一次性	yícìxìng	一回限り	일회성	за один раз	5
一旦	yídàn	いったん～すると	일단	в случае	5
一面……一面……	yímiàn……yímiàn……	～ながら	한편으로…하면서	во время	3
一同	yìtóng	一緒に；一斉に	같이	вместе	3
一系列	yíxìliè	一連の	일련의	целый ряд	2
一言不发	yì yán bù fā	一言も言わない	한 마디도	не проронить ни	8
一一	yīyī	いちいち	하나하나	по порядку	10
一致	yízhì	一致する	일치(하다)	единогласно	4
			말하지 않다	слова	
医疗	yīliáo	医療	의료	лечить	2
医疗	yīliáo	医療	의료	медицинские	2
移	yí	移動する；移す	옮기다	передвинуть	4
遗产	yíchǎn	遺産	유산	наследство	3
疑问	yíwèn	疑問	의문	вопрос	4

以	yǐ	〜によって	…때문에	согласно	8
以……为例	yǐ……wéilì	〜を例とする	…을 예로 삼다	например	3
以便	yǐbiàn	〜するために	…하기 위하여	чтобы	1
以免	yǐmiǎn	〜をしないように	…하지 않도록	во избежание	2
艺术家	yìshùjiā	芸術家	예술가	художник	7
异样	yìyàng	異様な	이상하다	необычный	2
音乐会	yīnyuèhuì	音楽会	음악회	концерт	3
应届	yīngjiè	その年の(卒業生)	본기의	своевременное	10
影子	yǐngzi	影	그림자	тень	3
拥有	yōngyǒu	持つ	보유하다	обладать	5
涌	yǒng	湧き出る	밀려 들다	нахлынуть	2
踊跃	yǒngyuè	先を争って	열렬하다	активный	1
用处	yòngchu	用途	용처	польза	10
邮政编码	yóuzhèng biānmǎ	郵便番号	우편 번호	почтовый индекс	10
有害	yǒu hài	有害である；よくない	유해하다	вредный	5
有两下子	yǒu liǎngxiàzi	なかなか手腕がある	실력이 보통이 아나다	на все руки	7
有所	yǒu suǒ	ある程度〜した	다소…하다	кое-что	1
于是	yúshì	そこで；それで	그래서	тогда	2
语调	yǔdiào	語調	어조	интонация	1
语气	yǔqì	話しぶり	어기	тон	1
语速	yǔsù	話スピード	말하는 속도	скорость языка	1
玉米	yùmǐ	トウモロコシ	옥수수	кукуруза	4
预备	yùbèi	準備する	준비하다	готовить	1
预赛	yùsài	試合の予選	예선	отборочные соревнования	1
寓言	yùyán	寓話	우언	басня	4
原始	yuánshǐ	原始的な；未開発の	최초의	первоначальный	5

云彩	yúncai	雲	구름	облако	3
运	yùn	運ぶ；運搬する	나르다	транспорт	4
运输	yùnshū	運送する	운수하다	транспортировать	2
运行	yùnxíng	運行する	운행하다	движить	6
运用	yùnyòng	運用する	운용하다	применять	1

Z

再三	zàisān	再三；繰り返し	여러 번	многократно	6
在场	zàichǎng	その場にいる	현장에 있다	присутствовать	8
暂时	zànshí	しばらく	일시적 잠시	временный	7
赞同	zàntóng	賛成する	동의하다	согласиться	4
糟糕	zāogāo	だめになる	크게 잘못되다	несчастье	5
早日	zǎorì	一日も早く	하루빨리	раньше	8
早晚	zǎowǎn	遅かれ早かれ	조만간	утро и вечер	4
早已	zǎoyǐ	早くすでに	벌써	ранний	9
噪音	zàoyīn	騒音；ノイズ	잡음	шум	5
增设	zēngshè	増設する	증설하다	добавить	6
摘	zhāi	摘み取る	따다	снимать	4
战斗	zhàndòu	戦闘（する）	전투(하다)	битва	6
掌握	zhǎngwò	把握する	파악하다	овладеть	3
障碍	zhàng'ài	障害	장애	препятствие	7
照常	zhàocháng	いつものように	평소대로	как обычно	6
照料	zhàoliào	世話する	보살피다	ухаживать	2
照样	zhàoyàng	相変わらず	여전히	по образцу	2
真实	zhēnshí	事実である	진실하다	истинный	1
整	zhěng	全部の；全体の	완전하다	целый	8
整体	zhěngtǐ	全体；総体	전체	весь	8
指出	zhǐchū	指摘する	지적하다	указать	1
至少	zhìshǎo	少なくとも	적어도	минимум	4

至于	zhìyú	（ある段階などに）至る	...으로 말하면	насчет	9
制度	zhìdù	制度	제도	режим	9
制品	zhìpǐn	製品	제품	изделие	5
治理	zhìlǐ	（自然を）整備する	다스리다	управлять	5
秩序	zhìxù	秩序	질서	очередь	3
忠实	zhōngshí	充実である	충실하다	верный	8
终场	zhōngchǎng	終わる	끝나다	последний этап	8
中毒	zhòng dú	中毒する	중독되다	отравиться	4
周边	zhōubiān	周辺	주변	вокруг	6
猪肉	zhūròu	豚肉	돼지고기	свинина	9
逐步	zhúbù	一歩一歩と	차츰차츰	постепенно	2
主队	zhǔduì	地元チーム	홈 팀	команда хозяйства	8
主观	zhǔguān	主観的	주관적이다	субъективный	10
主流	zhǔliú	主流	주류	главное течение	6
主题	zhǔtí	主題；テーマ	주제	тема	1
专线	zhuānxiàn	専用線路	전용선	специальный путь	6
专用	zhuānyòng	専用する	전용하다	специальный	9
转变	zhuǎnbiàn	変わる	변화하다	перелом	2
庄重	zhuāngzhòng	まじめで慎重である	장중하다	серьезный	9
装饰	zhuāngshì	装飾する	장식(하다)	украшать	1
幢	zhuàng	建物を数える単位（棟）	동	счетное слово	5
资本	zīběn	資本	자본	капитал	2
紫色	zǐsè	紫	자색	фиолетовый	9
自然界	zìránjiè	自然界	자연계	природа	5
自杀	zìshā	自殺する	자살하다	самоубийство	9
自私	zìsī	利己的である	이기적이다	эгоист	10
自信	zìxìn	自信	자신하다	вера в себя	1

自学	zìxué	自学する	혼자서 공부하다	самообразовать	2
宗教	zōngjiào	宗教	종교	религия	9
综合	zōnghé	総合する； まとめる	종합하다	комплекс	7
总的来看	zǒng de lái kàn	まとめてみると	한마디로 말하여	итога	9
总之	zǒngzhī	要するに	요컨대	в общем	5
祖父	zǔfù	祖父	할아버지	дед	4
祖母	zǔmǔ	祖母	할머니	бабушка	4
钻	zuān	通り抜ける	들어가다	влезть	4
钻研	zuānyán	研鑽する	연구하다	прорабатывать	10
最终	zuìzhōng	最終	최종	на конце концов	2
尊重	zūnzhòng	尊敬する	존중하다	уважать	9
作家	zuòjiā	作家	작가	писатель	2

B

白蛇传	Báishé Zhuàn	（劇名）《白蛇传》	백사전	китайская опера	7

C

重庆	Chóngqìng	（直轄市）重慶	중경	Чунцин	6

E

俄语	Éyǔ	ロシア語	러시아어	русский	10

H

汉族	Hànzú	漢族	한족	ханьцы	3
红娘	Hóngniáng	仲人	홍낭	Хун-нян верная служанка	7
回族	Huízú	回族	회족	дунгане	9

L

李大龙	Lǐ Dàlóng	（人名）李大龍	이대룡	имя и фамилия	8

M

蒙古包	Měnggǔbāo	モンゴルにある家	파오	дом монголов	9
蒙古族	Měnggǔzú	モンゴル族	몽골 족	монголы	9
《茉莉花》	Mòlìhuā	（曲名）《茉莉花》	<말리꽃>	жасмин	3

S

沈阳	Shěnyáng	（地名・遼寧省の省都）瀋陽	심양	Шэньян	8
《四郎探母》	Sìláng Tàn Mǔ	（劇名）《四郎探母》	<사랑 탐모>	китайская опера	7
宋代	Sòngdài	宋朝の時代	송대	династия Сун	9
《苏三起解》	Sūsān Qǐjiè	（劇名）《蘇三起解》	소삼기해	китайская опера	7

Y

伊斯兰教	Yīsīlánjiào	イスラム教	이슬람교	Ислам	9
意大利人	Yìdàlìrén	イタリア人	이탈리아	Италия	10
意大利语	Yìdàlìyǔ	イタリア語	이탈리아어	италийский	10
愚公	Yúgōng	頭があまりよくない老人の名	우공	имя смарика	4
元旦	Yuándàn	元旦	원단	день Нового года	9

Z

智叟	Zhìsǒu	頭がいい老人の名	지수	имя смарика	4
周代	Zhōudài	周朝の時代	주대	династия Чжоу	9